Take Back Your Power

10 New Rules for Women at Work

夺回你的职场权力

女性职场进阶十大法则

［美］刘绮琪（Deborah Liu） 著

韩竺媛 译

郭瑞 审校

中国出版集团
中译出版社

Copyright © 2022 by Deborah Yee-Ky Liu
Published by agreement with New Leaf Literary & Media, Inc., through The Grayhawk Agency Ltd.
Simplified Chinese translation copyright © 2024
by China Translation & Publishing House
ALL RIGHTS RESERVED
著作权合同登记号：图字 01-2024-0978 号

图书在版编目（CIP）数据

夺回你的职场权力 /（美）刘绮琪著；韩竺媛译
. -- 北京：中译出版社，2024.5
书名原文：TAKE BACK YOUR POWER
ISBN 978-7-5001-7800-2

Ⅰ. ①夺… Ⅱ. ①刘… ②韩… Ⅲ. ①女性－企业领导－通俗读物 Ⅳ. ① F272.91-49

中国国家版本馆 CIP 数据核字（2024）第 068885 号

夺回你的职场权力
DUOHUI NI DE ZHICHANG QUANLI

著　　者：	［美］刘绮琪
译　　者：	韩竺媛
策划编辑：	刘　钰
责任编辑：	刘　钰
营销编辑：	赵　铎　魏菲彤　刘　畅
版权支持：	马燕琦

出版发行：	中译出版社
地　　址：	北京市西城区新街口外大街 28 号普天德胜大厦主楼 4 层
电　　话：	（010）68002494（编辑部）
邮　　编：	100088
电子邮箱：	book@ctph.com.cn
网　　址：	http://www.ctph.com.cn

印　　刷：	北京盛通印刷股份有限公司
经　　销：	新华书店
规　　格：	880 mm×1230 mm　1/32
印　　张：	8
字　　数：	170 千字
版　　次：	2024 年 5 月第 1 版
印　　次：	2024 年 5 月第 1 次印刷

ISBN 978-7-5001-7800-2　　　　定价：69.00 元

版权所有　侵权必究
中　译　出　版　社

致戴维

你证明了我所做过的最好的职业（以及生活）决策，就是选择你作为人生伴侣

致乔纳森、贝萨妮和丹妮尔

你们激励了我写就此书，你们将了解到你们拥有比自己想象的更强大的力量

推荐序

向前一步，一切皆有可能

谢丽尔·桑德伯格（Sheryl Sandberg）/ 脸书前首席运营官

我与刘绮琪的初遇是在 2009 年，彼时她来到我的办公室，参与脸书（Facebook）消费者货币化团队的一个职位的面试。她在创建有影响力的产品方面有很好的经验，她有关产品知识和管理团队的方法很快给我留下了深刻印象。然而，在她回答了我的几个问题之后，我们的面试出现了意想不到的变化：刘绮琪掌控了面试，并向我提议脸书可以开发一个新产品——一个人们可以与他们的脸书社区用户进行买卖交易的市场。这是一个大胆的举动。我本来可以轻易地确定刘绮琪对她所面试的角色不感冒，但我告诉她，她通过商业连接人们的愿景给予了我很大的启发，而且在她完成我们需要她做的工作后，我相信我们会开发她提议的产品。

而这正是后来所发生的事情。刘绮琪工作表现极佳，领导了一些重大项目，如脸书支付（Facebook Pay）[①]和我们的首个直效广告项目（direct response ad）。我总能经常见到她，每次见面，她都会提醒我她最初的想法。她对脸书的其他高层也是如此。7年后，刘绮琪将这个想法变成了脸书市场（Facebook Marketplace）[②]，一个如今每月有超过10亿人买卖物品的论坛。

  刘绮琪对于打造伟大产品的热切，唯有她投注于支持其他女性的热情才能与之相匹敌。2012年，脸书的产品经理（PM）中只有不到10%是女性。刘绮琪很清楚，若这些女性能齐聚一堂并分享她们的经验，那将是多么强有力的一件事。于是，她开始为旧金山湾区的女性产品经理举办一系列晚宴，后来发展成为产品行业女性大会（Women in Product），一个为女性产品经理提供社交空间、学习新技能和寻求支持的团体。这一团体起初只有几名女性，之后逐步发展到3万多人。

  现在，刘绮琪将她在职业生涯中所学到的一切经验都化作了这本佳作，我知道这本书将激励和指导更多人。

  正如刘绮琪和我都知道的那样，女性闯荡职场从来都不是一件易事。从第一天上学到第一次工作面试，女性面临着男性所无须面对的偏见和系统性藩篱。我们必须加倍努力地工作，才能被视为有能力。随着我们资历的增加，我们愈发有可能成为房间里唯一的女性，这或许意味着我们会遇到更多的偏见和审视。女性

[①] 脸书公司于2019年11月推出的移动支付服务，2022年5月更名为"Meta Pay"。——编者注

[②] 脸书公司在2016年推出的社区型交易平台。——编者注

也比男性更有可能面临微歧视，如被打断或被质疑我们的判断。对于具有传统边缘化身份的女性，如有色人种、LGBTQ+[①]和残疾女性，这些遭遇往往更频繁，且更糟糕。

在工作中与偏见和歧视周旋，女性需要付出巨大的代价，还会引发自我怀疑、长期压力和倦怠，这也对女性的职业生涯产生了切实的影响。自 2015 年以来，我的基金会励媖（LeanIn.Org）和麦肯锡公司一直在进行年度"职场女性"研究，这是有关美国企业中女性状况的最大规模的研究。我们的数据显示，尽管在过去的 7 年里，女性代表所占的比例有所上升，但持续的差距仍然存在。女性在晋升为管理者的第一步仍面临着"断层"：每 100 名男性被晋升为管理者，只有 86 名女性得到晋升。这意味着公司没有为女性朝着更高级别的持续晋升铺好她所需的路。因此，美国的企业中，只有 1/4 的高管是女性，而只有 1/25 的女性是有色人种。

为了使我们的职场实现真正的平等，我们需要更广泛地改变我们的工作方式。我们需要深刻的问责制、真正的盟友关系，以及推动我们的文化在看待和对待不同背景的女性方面发生根本转变。这种变化是值得争取的，但它不会在一夜之间发生。女性必须寻找方法来夺回你的职场权力，并在当下的系统中茁壮成长。幸运的是，对我们所有人而言，刘绮琪写了一本书来告诉我们如

[①] LGBT+ 一般指性少数群体，是 L（Lesbian, 女性同性恋）, G（Gay, 男同性恋）, B（Bisexual, 双性恋）, T（Transgender, 跨性别者）等的简称。加号"+"代表其他未被涵盖的性身份，包括泛性恋等。——编者注

何做。

　　这本书既是一部回忆录，也是一本领导力手册，它将启迪你、激励你；有时，它也会激怒你，因为你会反思女性所面临的一切困境。刘绮琪深入研究了关于古老的性别定型观念和偏见陷阱的数据，以及为何我们有必要进行挑战。通过分享那些克服了重重阻碍的女性故事——从宇航员和风投家，到作家和教师，刘绮琪证明了，无论何时，向真实的自我靠拢，都胜过顺应他人的期望。

　　女性若要在争取更公平、更平等的职场斗争中取胜，就需要我们所有人在直面现实的同时保持乐观。我们必须加以重视，并长期投身于这场斗争。正是刘绮琪这样的女性给了我希望，她代表着勇敢和坦荡的领导力，并通过分享她自己的心路历程来提升他人。每个女性都可以从这本书中有所学习和收获，它将从根本上改变你的工作方式，帮助你成为一个更强大、更专注的领导者，同时，所有职场环境也将因此变得更好。

前言

你为什么需要这本书？

当我看着他们在我面前交谈时，我心不在焉地退了一步。我看着他们慢慢地把三方对话变成一对一的聊天，嘈杂的酒店喧嚣声渐渐消失在背景中，而我则是一个"奇怪的人"。我感到了作为不相干人士的尴尬。

几年来，我一直在著名的支付行业会议"Money20/20"上做第二天的主题演讲，超过5 000名行业领袖参加了这次活动。作为脸书的支付业务主管，我是代表公司最高级别的领导者。在我发言之前，我们的合作伙伴负责人（一位我非常尊敬的男性）和我一起参观展会现场，了解潜在的合作伙伴和行业领袖。每次我们遇到新朋友，对方都会和我们打招呼，但他们也会不可避免地把我晾在一边，这样他们就能够只和他交谈。最后，他们会把我完全排除在谈话之外。我就站在一边，礼貌地点头。

鉴于支付行业是由男性主导的，与会者自然倾向认为是我的同事在负责。我不想让互动变得尴尬，所以很少解释。然后，在我完成主题演讲后，每个人都会来和我说话，因为突然间我就"值得交谈"了。我把这种行为合理化为他们在"碰运气"——在我们这个行业，站在我旁边的男性更像是负责人。但我的行为似乎是在为这个问题火上浇油，我放弃了我的权力，容许他们因为我的性别而看轻我。

一天晚上，在纽约科技界资深女性的晚宴上，我们这些女性交换了在行业会议和活动中的类似经历。然后，有人说："别管太多了，我们来让场面变得尴尬吧。如果他们认为我们是助手，那么我们必须发声，去改变他们的看法。"于是，我们达成了一个共识：每当我们对这些轻视行为听之任之时，我们就相当于允许这个体系继续运作下去。为此，我们制定了一个协议：当这种行为再次发生时，我们必须发声，让大家知道，女性应当与男性平等地成为领导者。

"权力"不是一个肮脏的词

当你在字典中查找"权力"一词时，它的定义让人感觉很不起眼。拥有权力的人被视为能够"影响他人的行为或事件的进程"。[1]这样说来，为了我们自己和我们的孩子，拥有权力似乎是所有女性应当渴望的事。我们希望我们的生活能够对世界产生积极影响。

有一天，我和娜奥米·格莱特与产品管理负责人会面，讨论一个触及整个公司的重大问题，而她在整个会议期间一言不发。

娜奥米是负责公司发展和诚信的副总裁兼产品管理部门负责

人,她也是脸书任期最长的第三位员工。她参与建造了消费者互联网增长黑客技术,使得脸书、照片墙(Instagram)[①]和飞书信(Messenger)[②]得以发展出如今的面貌。她后来为慈善事业筹集了20多亿美元,其影响触及全世界数十亿人的生活。

在我们的会议结束后,有几个人来问我,娜奥米是否关心会议上谈论的问题。我知道她在乎,后来我问她为什么不说出来。

她回答说:"我觉得我没有这个权力。"

听到她熟悉的回答,我的心头一沉。我说:"不要放弃你的权力。如果你在会上说了什么,每个人都会遵循,其他人也会支持你。"

娜奥米是我认识的最有权力的女性之一,脸书首席产品官亲自选中了她来领导我们1 000多名产品经理,她带领公司从1亿用户发展到超过30亿用户。她在脸书内外的行动,塑造了无数人的生活。巨大的权力掌握在她的手中,但她却看不到。

有多少女性抱有这种感觉?

我为什么要写这本书?

8岁的时候,母亲告诉我,我和姐姐很幸运,我们的父亲对于只生了两个女孩感到很满足。我感到很困惑:"只?"我问。我知道,我有一天也想要生两个女儿,但我不明白为什么有人会认为这个可能性会让他失望。我母亲解释说,父亲的7个兄弟姐

[①] 脸书公司旗下一款免费提供在线图片及视频分享的社交应用软件。——编者注
[②] 脸书公司旗下的聊天工具软件。——编者注

妹中的每个人都生了一个儿子来继承家族姓氏，但我父亲只有我们两个女儿。那是我第一次被明确且隐晦地告知，我"只是个女孩"，生为一个女孩这件事本身并不够理想。直到那一刻，我才意识到，生为女孩只是次优，由于我的性别，我的父亲永远无法拥有很多父亲都深深渴望的自豪感。我对这种不公平的状况感到无力和沮丧。我无法选择我的性别，而且无论我如何努力，都难以解决这个问题。父亲从未对我和姐姐说过希望生个男孩的事，但从那天起，这个问题就一直在我脑海中萦绕。

我从来没有把那次谈话告诉过父亲，但我开始观察他对只生女儿感到遗憾的迹象。在我姐姐出生之前，我母亲曾在7年中流产了两次。我执意想知道，这两个胎儿是不是父亲永远没有机会见到的儿子。我寻找每一个证据，证明他并不觉得自己错过了什么。我努力让他感到骄傲，甚至考虑在结婚后不改姓，这样我就可以继续继承父亲的姓氏。

癌症在2012年带走了父亲。他曾经抱着我的小女儿丹妮尔，摇着她入睡，就像他对我的大女儿所做的那样。我们知道他的时间有限，但我们不知道癌症侵袭他的速度会有多快。几个月后，他躺在临终关怀中心，我带着5个月大的女儿去见他最后一面。我回忆起和他一起学习捕蟹、钓鱼和射击的情景。我跟他说，我希望我的孩子在长大后能记住他。在癌症让他无法开口说话之前，他说的最后一句话是："谢谢你。"最后，我知道他始终坚信我们两个女儿足以和任何一个儿子相匹敌。

当年在申请大学时，我清楚自己想追随父亲的脚步，成为一名工程师。当我如愿以偿时,却被现实敲醒了。我记得第一次走进物理入门课课堂——这是工程学的必修课。我环顾四周,看到教室里的女性寥寥无几。我对此非常惊讶。我的父亲是政府的电气工程师,我的姐姐在佐治亚理工学院攻读化学工程学位。我在一个小镇上长大,父亲一直鼓励我们发展数学和科学方面的兴趣。我曾认为,女性和男性对进入工程领域的渴望是一样的,并不明白导致我同届的毕业生中只有25%是女性的潜在原因。[2] 如今在美国,尽管女性获得了27%的工程学位,但她们在执业工程师中占比不到16%。[3] 当被问及为什么离开这个领域时,大多数女性都说,她们觉得自己没有归属感。男性和女性在大学里取得了相似的成绩,但很多女性说她们在小组项目中感到被疏远,在职场中被无视。

我想要有两个女儿的梦想最终确实实现了。我以我的两个女儿为豪,她们分别是10岁和13岁,我还有一个16岁的儿子。正如这个年龄的孩子一样,他们经常为公平而争吵:谁可以挑选大家看的下一个节目?谁能得到最后一块饼干?上次某某做了这样那样的事,所以这次我也应该做……毕竟,这才是公平的。他们没有意识到的是,这个世界仍存在着他们一无所知的权力不平等。作为孩子,他们生活在一个所有东西都被分成三等份的世界里,每个人都得到同样的一份——但现实生活则会复杂得多。我们的社会隐藏着一股暗流,它不可避免地流动于每一个重要的领域——职场、家庭、政府,且都对男性有利,即使我们在表面上支持性别平等。法律可能使女性和男性处于或多或少平等的地位,这一点毋庸置疑,但挑战是从法律没有明文规定之处开始的。

有多少像娜奥米·格莱特这样有成就的、真正的成功女性被一个男人刷掉了她们的成就?而男性同事呢?男性老板呢?有多少女孩在成长过程中计划结婚、生孩子、做家庭主妇——不是因为她们想这样做,只是因为这是社会对她们的期望?有多少女性的生活被"应该"的想法所影响?

> 我应该保持沉默,因为其他人更了解这个领域。
> 我应该谨慎行事,因为我不想被看作是个棘手或苛刻的人。
> 我不应该申请,因为我不符合所有要求。

"我应该,我应该,我应该……"

这些潜藏的思维方式,甚至让娜奥米这样的女性也觉得自己无法参与到与同行的会议中。这些根深蒂固的思维模式和信念紧密地交织在我们与世界互动的方式中,它们源于深层的社会动态,观察它们的运作情况是我写这本书的灵感来源。

我写这本书,是为了那些在成长过程中认为自己一直在与男性同行平等竞争,却不得不面对身为女性的现实的人,无论是在事业上还是在人际关系上。

我写这本书,是为了那些觉得自己在和男人做同样的事,却被这个世界低估的人……然后告诉她,她的困惑和挫折都存在于她的脑海里。

我写这本书，是为了那些被告知"权力"是一个肮脏的词，最好把领导和挑战的工作留给男人去做，认为寻求改变世界是无礼和粗鲁的人。

我为所有不知道如何实现男女平等，夺回权力，默默希望有解决方案的女性，写下了这本书。

这是一本在改变世界的同时，改变你自己的指南。它将教你做出自己的成绩，并夺回本应属于你的权力。

关于"体系"的说明

女性在这个世界上拥有的权力比男人少——我在写这本书时接受了这个真实情况，认为这是我们目前处境中一个不可改变的事实。在我们生活的世界里，女性只占罗素3 000个公司董事会席位的20%；[5]每当有100名男性被提拔或聘用为管理人员时，只有86名女性被提拔或聘用；[6]女性获得3/5的大学学位，但赚的钱却更少。[7]这并不是一本关于正面改变这种体系的指南，这是一个需要多年的政策变化和行动主义才能解决的问题。相反，我写这本书是为了帮助女性看到她们周围体系中存在的无形偏见，教会她们在与之斗争的同时茁壮成长。事实是，未来我们必须生活在这个体系中，因为它不会一夜之间被改变。我们可以愤怒地反对现有的不公平，但如果我们不了解它并试图在其中取得成功，我们将无法改变它。

我们可以做的第一件事——在我们能够修复一个破碎的体系

之前，必须了解该体系核心的偏见。即使是在一个不公平的竞争环境中，我们也必须学会如何获胜。这公平吗？不。这是我们所处的现实吗？是的。我们可以选择无视，也可以适应和学习。我们必须先在个人的基础上进行斗争，停止放弃自己的权力，自如地寻求和生活在权力之中。这就是这本书的目的。

让我们一起夺回我们的职场权力。

目录

推荐序　向前一步，一切皆有可能 / 谢丽尔·桑德伯格　/ I
前言　你为什么需要这本书？　/ V

规则 1
详细了解你的职业竞技场
/ 001

规则 2
绝不要为自己开绿灯
/ 025

规则 3
制定正确的人生路线
/ 047

规则 4
终身学习，终身成长
/ 067

规则 5
学会共情与宽恕
/ 089

规则 6
找到可靠的盟友支持自己
/ 111

规则 7
全然接纳自己本来的样子
/ 133

规则 8
找到家庭和工作中的平衡点
/ 153

规则 9
倾听内在的声音,勇敢发声
/ 173

规则 10
创造并留下自己的人生印记
/ 193

后记　在挑战中寻找机会,在绝望中寻找希望　/ 211
致谢　/ 213
注释　/ 217

规则 1

详细了解你的职业竞技场

人们放弃权力最常见的方式是认为自己没有任何权力。

——艾丽丝·沃克

power

|ˈpou(ə)r|

名词

1. 指挥或影响他人行为或事件进程的才能或能力

2. 某种事物或人所施加的力量或体力 [1]

关于女性和权力的真相

与男性相比，女性与权力的关系是一种有趣的、通常不平衡的关系。最后，它往往被归结为一个丑陋的事实：女性因为渴望权力而受到惩罚，而男性则因为渴望权力而受到赞扬。[2] 据统计，女性要求加薪的次数与男性一样多，但得到加薪的可能性却比男性低 25%。[3]

同样一件事，女孩被贬作"专横"，而男孩则被赞为"有领袖气质"；我们要求女儿做更多的家务，却给儿子更多的零花钱。[4] 教师投入更多的时间与男孩交谈，允许男孩首先且更频繁地发言。[5] 男孩被教导要和别人竞争，而女孩通常被教导要扶持他人。[6] 通过这一切，我们传递了一个关于女孩在社会中地位的信息。

这些期望是如此根深蒂固，以至于我们常常没有留意到它们，甚至是在我们迎合这些期望的时候。我们向女孩发出信号，告诉她们帮助别人更有价值，告诉男孩领导别人更有价值。2010年《人格与社会心理学简报》的一项研究发现，男女参与者对在政治职位上寻求权力的男性和女性的反应不同。研究参与者每人得到了一部虚构的州参议员的传记，只是名字和性别有所改变。追求权力的男性政治家在两性眼中都是值得称赞的，而追求权力的女性政治家则被给予了负面评价，甚至唤起了"道德愤怒的感觉"[7]。尽管传记内容是相同的，但仅仅因为主人公的性别，读者的反应就截然不同。

当女性寻求权力时，人们通常会以怀疑的眼光看待她们，而男性则会因同样的行为而受到赞誉。男性会因表现出强势和有力而受到奖励，而女性则被期望表现出温暖和开放的情感。希拉里·克林顿参与的第一次总统竞选就是一个有力的证明。2008年，在艾奥瓦州的竞选中，希拉里排在巴拉克·奥巴马和约翰·爱德华兹之后。在新罕布什尔州的竞选中，她以劣势地位继续竞选。在咖啡馆的一次竞选活动中，一位选民问希拉里："你是怎么做到的？"希拉里停下脚步，分享了她发自内心的想法，说这场竞选对她个人有多么重要。[8]她在新罕布什尔州的胜利被归功于她在那一刻所展现的柔弱。

2016年9月，我与一位在希拉里竞选中担任高级官员的朋友交谈。我引用了关于女性和领导力的研究，问她的工作人员这次是否会尝试让希拉里表现出一丝丝的柔弱。许多跟踪希拉里的记者和工作人员分享了她的幽默感和与生俱来的领导力，但这些品质并没有在她公开竞选时表现出来。我觉得这种矛盾令人费解，直到我在"人在纽约"的脸书页面看到,希拉里分享了她如何在越战征兵期间考取法学院的奋斗经历。考试期间,她受到周围男性应试者的强烈批评,因为他们觉得她在抢夺一个可以保护男性不被征召入伍的名额。这段经历,以及许多类似的经历,让希拉里学会了保护自己,抑制自己的感情。这是在男性主导的领域的一种防御机制,尽管这让她看起来像是"被封闭起来了"。[9]

所有这些情况都使女性陷入双重困境中:要么公开寻求权力并因此受到严厉的评判,要么默默地服务并受到赞扬。在奥巴马总统手下担任国务卿时,希拉里的支持率在60%以上;但当她竞选总统时,支持率却骤降至不到50%。[10] 她在2016年大选中失利的原因有很多,但作为一位追求权力的女性,她必须与社会对她这样的女性进行负面评价的倾向做斗争。

女性不寻求权力,是因为我们告诉她们不要这样做

即使是现在,当你努力阅读本书时,当你看到"权力"这个词时,你们中的许多人仍会感到认知不协调。我深知这一点,我记得自己开始写这本书时的感觉,"权力"这个词在页面上显得很沉重。它给人的感觉是以自我为中心、为自己服务,而且很丑陋,特别是当它被应用在女性身上时。我们被教导要做一个好女孩,无论是在家里还是在工作中,都不能要求太多,或者要求太高。寻求权力与我们教给女孩的一切都背道而驰。

脸书创始人兼首席执行官(CEO)马克·扎克伯格发布了他2016年度个人挑战:开发一款能控制家庭环境和辅助工作的人工

智能助手。最热门的评论之一来自一位名叫达琳·哈克默·洛雷托的女士,她写道:"我一直告诉我的孙女,一定要和学校里的书呆子约会,因为他可能会成为马克·扎克伯格!"

扎克伯格回应说:"更好的做法是鼓励她们自己'成为'学校里的书呆子,这样她们就能成为下一个成功的发明家!"[11]达琳的评论反映了我们对女孩的教育:她们应该嫁给发明家,而不是成为发明家。

有多少祖父母和父母与达琳的观点相同?我的母亲曾经告诉我,她祈祷我和我的姐姐能成为"温柔"的女孩,这个词汇的意思是"端庄"或"优雅"。当年,我的母亲来到美国这个她从来没有到访过的国家上大学。她带了几个行李箱,几乎不认识任何人。她在这里几乎是白手起家,她也是我认识的最"凶猛"的女人之一。我的祖母从未接受过正规教育,尽管她识字有限,却养育了7个孩子,并在我祖父去世后接手管理他的公司。然而,即使是这些本身就非常强壮有力的女性,也希望她们的女儿温柔端庄,符合她们想象中的刻板印象。听到这些强大而成功的女性要求我淡化我强势的个性,以便在未来的丈夫眼中更具吸引力,这令我感到困惑。

《科学》杂志曾发布一项研究,证明了这种偏见甚至存在于年幼的孩子身上。研究人员为数百名5~7岁的儿童读了一个关于"非常非常聪明的人"的故事,并要求孩子们挑选出故事中这个人物的照片。大多数5岁儿童会选择和自己性别相同的人,但6岁和7岁的男孩和女孩则认为,男性比女性更容易成为故事中的主人公。[12] 在 5~6 岁之间发生的一些事情向女孩发出了信号，即女性不如男性聪明，尽管女孩在几乎所有科目上都比男孩优秀，而且拿到大学学位的孩子中，有一半以上是女孩。[13]

女性不寻求权力，是因为我们告诉她们不够好

《哈佛商业评论》引用的一项 2016 年的研究显示，我们判断领导潜能的方式因性别而异。男性如果有能力，就被视为领导者；女性如果有能力、有热情，才会被视为领导者。[14] 这种双重标准，也许就是父母为女儿设定甜蜜且温柔的期望时所准备的。教她们做个好人，乐于助人，合群，有助于她们出人头地，因为光有礼貌是不足以让女孩受到重视的。热情是在职场获得影响力和权力的先决条件，因此，所有关于善待他人的课程都是试图向女孩展示她们以后要面对的现实。

有一次，我带着孩子去帕洛阿尔托的图书馆借阅一些书籍。书架上的图书直接迎合了成人眼中的性别刻板印象：有关"女孩"的书籍都是关于公主、缝纫和写日记的，而有关"男孩"的书籍则是关于神秘、探索和冒险的。[15] "女孩"书籍是关于关系和友谊的，而"男孩"书籍则是关于解决问题和扩大视野的。孩子们接收到的微妙信息让他们感觉到他们被期望成为谁，以及他们需要做什么来适应所生活的这个世界。

作为对那天所见的回应，我和孩子们一起写了一本中篇小说，讲述了一个被宠坏的公主有很多东西要学，她要和一条有科学爱好的龙以及一个失败的侍从一起去拯救世界。他们运用的是

智慧而不是体力，冒险经历告诉他们，出生时的意外并不能决定他们的人生道路。在书中，这条小母龙经常被误认为是一条公龙。她调侃道："说真的，难道就没有人听说过有母龙吗？"

我花了近三年时间完成了这部小说，在想书名时，儿子乔纳森把我拉到一边，认真地说："妈妈，我们不要在书名中使用'苏菲'的名字或讲出她是公主的事实，因为如果是关于女孩的冒险，这本书对男孩的吸引力会变低。我们的重点是让更多的男孩来读它，对吗？"

我咕哝了一下，但还是肯定了他的观点。男孩在文化上被描述为领导者，而女孩则是他们的助手。男性的名字出现在36.5%的童书的标题中，而女性的名字只占到17.5%。为了迎合这一点，我们给这本书取了一个不分性别的名字，以确保中年级的男孩能读到这本书。

在出版方面做出调整以吸引更多读者的做法并不罕见。19世纪中期，勃朗特三姐妹都用男性笔名写作，从那时起，出版业并没有像我们希望的那样发生变化。[17]1997年，当J.K.罗琳致力于出版《哈利·波特》系列丛书时，她的出版商要求使用她名字的首字母而非她的全名，以掩盖她是一名女性作者的事实。[18]他们认为这将有助于提高书籍对儿童的吸引力。

女性从很小的时候开始就被巧妙地告知，仅仅因为她们的性别，她们就不够完美。这种信息延伸到了企业的阶梯上。尽管女性获得了大多数的大学学位，但她们担任高级管理职务的比例不到10%。[19]许多公司将此归咎于上升通道问题，指责没有足够多有资格担任这些职务的女性进入该领域（"通道"）。他们声称，这就是企业高层缺乏多样性的原因。实际上，在大学里女性的比例超过了男性，进入劳动力市场后的薪酬也接近男性的薪酬水平。但当她们达到生育高峰期时，薪酬差距则会越来越大，然后在接近退休年龄时又会下降。[20] 这种差距主要归因于生育和抚养的影响。但是，这也意味着女性没有得到事业发展的第一个关键步骤——首次成为管理人员。这种在管理阶梯第一层的出岔会产生持久的后果。麦肯锡与励媖在 2021 年合作进行的一项调查显示，每 100 名男性被提拔到管理职位，只有 86 名女性被提拔；黑人和拉丁裔女性的这一比例甚至更小。[21]

女性没有获得这些职位的原因有很多，但其中一个原因是她们认为自己仍没有准备好。我记得我团队中的两位女性在休完第二个孩子的产假回来，我向她们提供了在团队中担任经理的职位。她们之前一直是个人贡献者（IC），但两人都不太确定是否要接受这一职位。我尊重她们对做个人贡献者的热情，但我感觉到有别的东西在阻碍她们。两人都表达了疑虑，怀疑自己是否有能力在满足管理需求的同时兼顾两个年幼的孩子。在几周时间里，我与她们二人分别进行了一系列的谈话。我们探讨了她们的职业之路会是什么样子，她们作为管理者如何能够产生影响，以及她们的职业生涯会如何发展。最终，她们都答应了，而且她们的团队在其领导下不断成长和壮大。当我向一个团队中最资深的女工程师提供工程经理的职位时，也发生了同样的情况。她刚刚离婚，不能出差，所以她请我们寻找其他候选人。我花了几个月时间寻找，但没有找到合适的人选。等到她的家庭生活安定下来，她才同意接受这个职位，并成长为组织内一个强有力的领导者。

有多少经理会在听到女性下属的第一个"不"字之后依然坚持下去？我想要最好的人选，我愿意等待这些有才华的女性准备好，因为她们是最有资格的候选人。但仍有许多经理把阻力看得很重，并转向第二个候选人，从而把最有资格的候选人（通常是女性）留在后面。

女性不寻求权力，是因为我们的话语发出了"权力不属于她们"的信号

在科技圈工作的 20 年里，我一直身处男性人数明显多于女性的行业语言中。有一天，我听到自己把一家初创公司比喻为"车库里的两个男人"，于是我停了下来。我意识到，我在日常谈话中反射性地使用了有性别区分的词汇，没有考虑到它们的影响。那一天，我承诺每当我在工作中注意到或使用这些词，都要记录下来。在接下来的几个月里，这份简短的文件发展成了一份庞大的清单。我很惊讶这些有着性别区分的语言是如此深入人心。这些语言不带有厌恶或否定的意图，恰恰反而以一种无害的方式被说出来。

语言很重要，无论我们是否意识到，它们都会影响我们。语言巧妙地促使我们想象某种类型的人扮演某种角色，同时也劝阻了那些不符合这种形象的人。2011 年的一项研究发现，日常语言

的性别化会影响一个人的判断、决定和行为,影响他们的自我认知和与他人的互动。[22]

一旦开始记录这些词语,我就会在任何地方——会议、走廊谈话和演讲中听到它们。许多男性化的短语,如"人力"(manpower)和"得力助手"(right-hand man),都是中性或积极的,通常表示一种富有力量的地位,而几乎所有女性化的短语,如"自以为是的人"(prima donna)和"心情不好的人"(Debbie Downer),都是消极的、表示软弱的。这些微妙的性别歧视信息就存在于我们身边,作为一个男孩和两个女孩的母亲,我想搞清楚对他们而言,我们所生活的世界是什么样子的。

如果有人说一个项目是"双人工作",谁会渴望得到这个机会?当你听到"某人是这个项目的领导"时,你会本能地选择符合这一描述的人吗?我们被语言所熏陶,这就造成了一个不公平的竞争环境。

滑铁卢大学和杜克大学的一项研究表明,男性语言被广泛用于以男性为主的领域,而女性语言在以女性为主的领域并不经常使用。[23] 当看到听起来比较男性化的工作列表时,女性往往觉得它们不那么吸引人,并感觉它们并不属于自己。使用诸如"君子协定"(gentlemen's agreement)或"男人一点儿"(manning up)之类的术语,对职场则有一种微妙而有意义的影响。

女性对这些微妙的线索做出反应,选择退出,因为她们觉得自己没有很强的归属感。我们为男性创造空间,然后又问为什么女性不加入,或者她们可能加入了,但是中途又退出了。

男性化词汇

两人规则（two-man rule）
人盯人防守（man-on-man defense）
君子协定（gentlemen's agreement）
老男孩俱乐部（old boys' club）
男人一点儿（manning up）
有胆量的（ballsy）
车库里的两个家伙（开始创业）（two guys in a garage［begin nine a starup］）
表现出一个成熟男子的能力（big boy pants）
得力助手（right-hand man）
好样的（that's his boy）
代表人物（poster boy）
人咬狗（man bites dog）
人力（manpower）
助攻（wingman）
白人责任论（white man's burden）

无足轻重的人物（straw man）
关键人物风险（key man risk）
凡夫俗子（everyman）
中间人（middleman）
伟人神话（great man myth）
有种点儿（grow a pair）
冒险莽撞的人（cowboy）
家伙（guys/dude）
工时（man-hours）
指挥/领导（quarterback）
专家（manning a booth）
大多数人（everyone and their brother）

女性化词汇

像女孩一样奔跑（run like a girl）
容易发怒的（spunky）
代替妈妈的应用程序（mom replacement apps）
坏女孩（meangirls）
喜怒无常的女人（diva）
自以为是的人（prima donna）
无礼的（sassy）
分享信息（open the kimono）

你妈妈会不会使用这个产品？（Would your mom be able to use this product?）
天生臭脸综合征
妈妈牛仔裤（mom jeans）
心情不好的人（Debbie Downer）
怨妇（negative Nancy/negative Nelly）
小题大做的人（drama queen）

你听过多少次"我想雇用更多具有多样性的团队，但我又不想降低标准"？想一想这句话意味着什么——多样性和包容性必然意味着降低员工的素质。但从统计学上看，如果人才的分布跨越了所有性别和种族，那么向更多的候选人开放机会，就意味着你有机会进入更大的人才库，从而有更好的机会找到符合工作要求的人。当领导层这样说时，意味着他们正向公司发出信号：那些与众不同的人没有那么优秀，因此不属于这个组织。

这些信号会叠加。一位女实习生告诉我，计算机科学专业的男同学反复对她说："你能得到脸书和谷歌的面试机会，就因为你是个女人！"这些嫉妒她的男同学暗示她不够优秀，只是她的性别让她比他们更有优势。

当我被邀请加入财捷（Intuit）公司①的董事会时，许多人告诉我，我应该庆幸自己是一名女性，因为现在许多董事会席位都是由女性和少数族裔获得的。我知道他们是好意，但我同时也怀疑他们是否认为我被邀请任职仅仅是因为我的身份，而不是因为我可以做出什么贡献。就像那个实习生一样，他们传递给我的信息是，女性获得机会只是因为她的性别，而不是因为她是最有资格的。在董事会工作了一年多之后，我终于鼓起勇气问他们，是否仅仅因为我的身份而提名我担任这个职位。剧透一下：他们并没有。

董事会是职场中最不多元化的地方之一。在财富美国500强的企业中，女性占据的董事会席位不到25%。2016年至2018年期间，美国60%的新董事会席位由男性获得。[24] 即使加利福尼

---

① 美国一家以财务软件为主的高科技公司，成立于1983年。——编者注

亚州通过了一项规定，即总部设在那里的每家公司必须至少有一名女性董事会成员，但在 2021 年第一季度，新董事会席位只有 45% 属于女性。[25] 照这种速度，我们将永远无法实现公司董事会的平等。

这种性别排斥现象就发生在我们身边，但很多情况都不像上市公司的董事会那样公开。2014 年，亚马逊建立了一个简历筛选系统，该系统将过滤申请并挑选出高质量的候选人。[26] 经过 10 年的内部数据训练，该系统最终得出了带有性别偏见的结果——它完全过滤掉了两所女子大学，并且不公平地对待包含女性活动在内的所有组织。尽管该系统在建立时并没有考虑到性别歧视，但该算法发现了招聘人员在过去 10 年中用来过滤简历的隐藏标准，并为他们提供了带有偏见的结果。另外，就业律师马克·吉鲁阿尔为一位客户评估了一个系统，结果发现有两个主要因素推动了该算法的输出："名叫贾里德"和"在高中打过长曲棍球"。[27]

乍看起来，这些轶事似乎指向流氓算法，直到你更深入地思考它们是如何产生的。这些算法只是反映了数万人在很长一段时间内做出的选择。这些选择之后被编码到系统中，而这些系统采用了最开始的偏见并将其扩展到新的人群中。带有偏见的不是工具，而是输入。它们利用人类多年的决策，通过打破为招聘和雇用人员创造的模式——我们看不到的模式，来揭示我们的偏见。仅一个女性的经历永远不会发现这种类型的偏见，但在规模上，它是可见的。这些偏见说明了招聘和晋升员工是如何使竞争环境变得不平等的，难怪女性会觉得自己没有归属感。

女性不追求权力，是因为我们对她们有不同的标准

有一天，我和脸书的首席技术官迈克·斯科洛普夫一起主持一个全体女性会议。他提到在他的职业生涯中，第一次有人告诉他要在谈话中多微笑，之后他意识到这是女性一直被告知的事情。我们继续讨论了女性如何必须自觉或不自觉地符合特定的期望，而男性则不需要。

作为女性，需要在职场上穿针引线，这也意味着你要不断适应成功的模式，而不是越过一条看不见的线。这是作为一个女人的微妙的代价，尽管它是无形的，但它却是真实的。你必须讨人喜欢又有能力，友好又坚定，乐于助人又自信；而且，不符合他人的预期是要付出代价的。

2014年的一项研究发现，在绩效评估中，女性得到的批评性反馈比男性多得多，特别是"负面的个性批评"明显更多。这些批评把女性的语气或个人风格视为问题，女性被称"粗暴""情绪化"和"霸道"。[28] 我们已经开始使用"文化适应性差"（poor cultural fit）这样的短语，但这只是一种委婉的说法，它表示，"你和其他人不一样"。在由男性主导的领域，这些期望使女性处于显著的不利地位。

瓦次艾普（WhatsApp）[①] 的产品和设计副总裁阿米·沃拉花了近20年的时间，才成为一位有影响力的产品领导者。在她科技

---

① 一款用于智能手机之间通信的应用程序。——编者注

生涯的早期,她经常得到他人的反馈,说她应该改变行事风格,以软化她的棱角,变得更有亲和力、更有效率。这种反馈对她来说很重要,所以她把它记在心里,并改变自己,以符合经理和同事的期望。几年后,人们认为她似乎已融入了大背景,没有自己的声音。这就是许多女性面临的矛盾:她们被要求淡化自己的个性,与他人友好相处,不那么咄咄逼人;但当她们这样做时,结果往往不那么有效。最终,阿米选择了她要改变的特质和要保留的特质,即使有时感觉不完美。然而,她所面对的问题实在太常见了。

作为女性在职场中的双重束缚也延伸到了风险资本领域。两年来,吕勒奥理工大学的研究人员观察了瑞典政府风险资本家和企业家的决策会议。在观察期间,女性创始人获得资金的频率较低(47% vs 62% 的时间)。如果她们获得了资金,她们只得到了所要求的 25%,而男性同行则是 50%。[29] 但最有趣的是用来描述创始人的语言:男性的年轻被认为是"有前途的",而女性的年轻则被形容为"缺乏经验";男性的谨慎被称赞,而女性的谨慎则被视为一个不利因素。这些刻板印象潜入房间,被研究人员观察到。那么,这些无意识的偏见是否会影响日常的交易?

截至 2019 年,只有 2.8% 的风险投资投向了全部由女性创始人组成的公司;女性和男女混合团队仅获得了所有投资的 11.5%。与前几年相比,这是一个巨大的增长,但全部由男性组成的团队仍获得了全部风险投资的 88%。[30] 如果你看一下风险投资数据,就会发现投资者中只有 11% 是女性,那么这些数字就不足为奇了。³¹ 波士顿咨询集团和MassChallenge（大挑战）公司①的一项研究表明，拥有一名或多名女性创始人的团队筹集的资金不到男性创始人的一半，但收入却多出10%。因此，她们的资金使用效率更高，效果更好。³² 如果风险投资真的是平等的，那么就会有更大的投资份额分配给男女混合或女性创办的初创企业，因为这些公司的表现更好，但事实并非如此。我们告诉自己，我们生活在精英领导的体制中，但数据显示情况并非如此。

莫里亚·芬利，一位成功的技术创始人和首席执行官，曾经告诉我，她喜欢向有女儿的男性风险投资家（VCs）推销。我问她为什么。她回答说："在风险投资中，投资者有条件寻找以前的赚钱模式。想想'年轻的男性计算机科学毕业生'或'穿着连帽衫的辍学生'，成功女性创始人的模式则要少得多。"

有趣的是，在这些有影响力的风险投资公司担任高级职位的男性，如果他们有女儿，就更有可能雇用女性进入他们的公司，这些女性员工反过来也有助于产生更高的回报。³³ 据推测，这些人中有许多人与他们认为"门当户对"的女性结婚；而作为父母，他们又不得不考虑自己的女儿有一天也会面临这些挑战。或许这催生了他们支持职场女性的愿望，而这类女性就是他们的女儿未来的样子。

虽然大多数女性永远不会在技术领域工作或成为创始人，但从风险投资行业可以窥见，在这个世界上，人们会纯粹为了回报

---

① 美国著名的非营利性孵化器和加速器公司，成立于2010年4月。——编者注

而投资，却系统性地低估了一半的人口。我曾与一家大型风险投资公司的驻场企业家（EIR）共进早餐。在受人尊敬的科技公司担任过几个高级管理职位后，她作为驻场企业家加入公司，并探索创办自己的公司，同时也帮助他们寻找和审查交易。她分享了自己的职场挫折感，即该公司如何轻易地拒绝前来推销的女性创始人，只对与他们相似的"兄弟"加倍青睐。她说，合伙人寻求的是魅力和激情，倾向于他们想与之交往的那种人。许多女性创始人提出了现实的计划和严谨的执行方案，但与投资者的差异太大，无法与他们建立联系。她后来离开了这家公司，自己创办了一家成功的科技公司。

我们看到这种双重标准存在的另一个领域是在传统男性职业的招聘中，他们对女性的偏见最强烈。法国的一项研究表明，这些封闭的大门如何助长了结果中的偏见。[34] 有40个招聘委员会委员被要求进行隐性偏见测试。他们要对"男性和科学"这样的词做出快速反应，看他们是否在这两者之间建立了比"女性和科学"更强烈的内在联系。然后，研究者对他们进行调查，了解他们对针对女性的偏见的态度。尽管委员会中的许多人在测试中表现出了偏见，但那些认识到偏见和女性所面临的挑战的人，比那些不承认偏见的人雇用了更多的女性员工。

另一项研究调查了一所大学的学术职位招聘情况。[35] 在研究期间，他们填补了174个职位，平均每次与4名候选人见面。如果只有1名候选人是女性，那么从统计学上讲，她就没有被录用的机会。尽管在4个候选人中，她的正常录用机会是25%。然而，当候选人中有两位女性时，其中1位被选中的可能性就会上升到50%。令人惊讶的是，当只有1名男性候选人时，他被录用的可能性为33%。

雇用不是中立的，它是个人和集体决策乘以数以百万计招聘决策的结果。大多数时候，它不是公开歧视的结果；相反，它是内隐偏见的结果，它使人们的态度倾向于我们认为是正常的东西。从社会层面来看，这就难怪竞争环境不公平了。

期望和母亲的身份

我有3个孩子，每一个孩子都是我在不同的科技公司就职期间生下的。每一次怀孕，都有很多人问我："你会回来吗？"在我3次怀孕期间，好几个团队成员都问我是否打算回来。有几次，当我说我会回来工作时，有人问谁来照顾我的孩子。

第三个孩子出生后，我跟丈夫提到了这些事情，他笑着说："我们公司没有任何人因为任何一个孩子问过我这两个问题。"我丈夫在大大小小的科技公司也有过类似的成功经历，这些年来，我们也对调了作为主要养家者的角色。但是，人们仍对母亲抱有养育孩子的期望，对父亲却不存在这种期望。

无论我们喜欢与否，作为管理者、同事和父母，女性总是被要求达到与男性不同的标准。男性和女性在生第一个孩子之前的工资是差不多的。生完孩子后，美国女性的收入水平长期受到30%以上的冲击。事实上，在一项对6个西方国家的研究中，无论社会多么进步，母亲的收入都会减少。这种情况从最平等国家的 21% 到最不平等国家的 60% 以上不等。[36]

这不仅是性别歧视问题，它还关乎家庭和工作的竞争需求之间的互动。女性承担了大部分的家务，这最终会造成损失。在职场中，领导高度重视那些可以灵活地在公司上班的员工，但如果员工家里有孩子，这就不可能了。公司愿意支付一定的费用，让员工参与项目合作，或在最后一分钟仍为客户工作。这意味着，员工若能在周末或下班后加班，或在意外情况下出差，那就是有价值的。[37] 而且，这种压力只会随着危机的爆发而增加。疫情期间，学校和日托中心都关闭了，大部分母亲承担了绝大多数的家务和家庭教育工作，甚至在双职工的家庭中也是如此。

当被问及这个问题时，近一半的父亲说他们承担了疫情期间大部分的家庭教育工作，但只有 3% 的母亲表示认同。80% 的受访女性表示，疫情期间，她们承担了大部分的家庭教育工作。[38] 我和丈夫打造了一个相当平衡的家庭，因为我们在 3 个孩子的童年时期都忙于工作。即便如此，我仍被视为学校教育中的"默认家长"（default parent）。

母性偏见是职场中所有偏见中最严重的一种。一个在简历上写上"参与家长—教师协会"的女性，被雇用的可能性会降低 79%。[39] 即使她被录用了，她的工资也会少 11 000 美元左右，因为雇主认为她对待工作不会太认真。如果她已经有工作，那么她就不太可能得到提拔。[40] 斯坦福大学研究人员的一项研究表明，在简历上标明自己是母亲的女性被认为比没有孩子的女性，或不管有没有孩子的男性的能力都要差。然而，在我们所处的社会中,超过 2/3 的母亲外出工作,在 40% 的有孩子的家庭中,母亲是主要或唯一的经济支柱。[41]

当夫妻双方第一次成为父母时,男性看到了做父亲的好处,女性则看到了母职惩罚。男性每生一个孩子,工资平均会增加 6%,而女性则会损失 4%。[42] 由此可见,做母亲使女性在事业上处于不利地位。

作为 3 个孩子的母亲,在一个要求严格的行业工作对我来说是一种平衡。当我休完第三个孩子的产假复工时,我与上司道格·珀迪探讨了这个问题。我处于一个低谷,我不确定自己能否平衡这一切。我的第三个孩子丹妮尔一直没有学会吃母乳,我每天都要花三四个小时用电动吸奶器吸奶,再用奶瓶喂给她。丹妮尔腹痛了将近一年,每晚都要哭上两三个小时。与此同时,我们正在装修房子;我父亲的癌细胞已经扩散到大脑,刚刚进入临终关怀阶段。在工作中,我的任务是在脸书建立一条新的移动货币化的业务线。我向道格请教如何处理这一切,他指出,虽然许多女性的丈夫也有同样繁重的工作,但男性更有可能拥有一个负责管理家庭和照顾家人的配偶。他让我不要对自己那么苛刻,并答应帮助我找到平衡。他允许我抽出必要的时间来陪伴父亲。2012 年,安妮-玛丽·斯劳特写了一篇流传甚广的文章——《为什么今天的女性仍然不能拥有一切》。2015 年,安德鲁·莫劳夫奇在他写的回应文章——《为什么我把妻子的事业放在第一位》中提及了这一挑战。他写道:"女性高管需要男性首席执行官一直拥有的东西:一个在家里承担重任的配偶。"[43]

这并不是我第一次几乎放弃并离开这个失衡的竞争环境。就在我儿子（我们的第一个孩子）出生后，我的职业生涯出现了一个转折点。由于对工作中缺乏机会和在技术领域工作的挑战感到沮丧，我找到当时贝宝（PayPal）公司的副总裁达纳·斯塔尔德，告诉他我要辞职。我已经爬到了自认为能达到的最高点且难以前行。我的职业曾经很有前途，现在却停止了发展，我知道我在驻足不前，无法进步或接受新的东西。这种停滞不前的感觉在科技界的女性身上经常发生。据 2008 年《哈佛商业评论》的研究，女性离开科技工作的比例是男性的 4 倍，部分原因是她们在工作中受到的待遇，部分原因是来自回家继续劳作的挑战。女性在 30 多岁的时候，这种出走职场的现象尤其普遍。在这一时期，职业生涯的自然弧线打开了通往领导岗位的大门，但这也是家庭责任的高峰期。[44]

第二周，达纳安排我在易贝（eBay）担任引领买家体验产品的新角色。于是，我抓住机会，做了一些新的事情。事实证明，我最终还是像在贝宝一样坚持了下来，但每次我都有一个反思的时刻，我想知道为保持不平等的竞争环境所做的额外努力是否值得。对许多女性来说，这是不值得的。

我们可以假装世界是公平的，我们可以无视球场上的"地雷"，我们可以假设环境对我们的影响会有所不同。在上学期间，甚至在我工作之后，我一直生活在这些幻想之下。然后，慢慢地，我开始关注到周围的陷阱、圈套和偏见，有时是在我踏入这些陷阱很长时间以后才发现的。

这一章是为了让你失望,让你难过,让你沮丧。它是为了让你在面对这个不公平的世界时感到无能为力。因为在本书的其余部分,我们将讨论如何应对这个不平等的竞争环境,去适应它,甚至在它的限制下茁壮成长。同时,我们将学习打破这些界限,即使在不舒服的时候也要大胆发声,一起夺回我们的职场权力。

规则 2

绝不要为自己开绿灯

如果他们没在桌旁给你留位子,那就带一把折叠椅。

——谢丽尔·奇泽姆

有一次，我在公司的一个会议上迟到了。当我进入房间时，我意识到已经有18名男性主管入座，却没有一名女性。我在门边站了一会儿，僵住了。最后，我走到边上的一个临时凳子旁。即使在科技行业工作了18年，我仍会有这样的时刻，脑海中闪过"你不属于这里"这样的字眼。

之后，另一位女士走进来时，她走到我坐的地方，向我点头示意，让我坐到更靠近首席执行官的位置。我很不情愿地移到中间，而她拿走了我原来坐的那张凳子。

作为一位身处科技领域的亚裔美国女性，我没有归属感。我无处躲藏，除了我自己，我不能成为任何人。不论我走进哪个房间，脸上都写着我的与众不同。但大家期望的分量也在那里，他们在我的身后窃窃私语："大声说话，但不要有攻击性；态度要好，但也要有主见；不要让别人感到不舒服，但也不要退缩。"

在我觉得格格不入或与众不同的房间里，我试图隐藏自己，让我看起来不那么显眼。我掂量着每句话，想知道我是否会无意中说错话。我当时没有意识到的是，我选择待在外围而不是冒险去破坏现状，我是在放弃我的权力。

女性面临着双重标准，这种双重标准使我们更难开口说话。这意味着当机会出现的时候，我们更应该利用它。不要让自己显得咄咄逼人，这会让我们背负很大的压力，尽管这种特征出现在男性同行身上是被接受，甚至被欣赏的。

这一章将鼓励你不要屈服于周围的压力，而是要反击错误的行为，大声疾呼，并学会在这种情况下茁壮成长。我将告诉你为什么不能给自己开绿灯：你不能允许自己害怕被评判而保持沉默，或者仅仅因为这样做更容易。

大声表达，直言不讳

一直以来，我都是那个"唯一"：唯一的女性，唯一的少数族裔，或是两者兼而有之。在一个亚裔只占当地人口1%的地方长大的我，从小就学会了很好地隐藏自我，以免让自己过于显眼。

我出生于纽约市皇后区，在我6岁的时候，全家搬到了南卡罗来纳州查尔斯顿附近的一个小镇。彼时的我既内向又笨拙。初来乍到，当地的多数人从未见过如我这般样貌的人，于是我被打上了"外来者"的烙印，这让我倍感孤立无援。

在我们封闭的社区里，我和我的家人被视为"外人"。因为我和大家不一样，同学们便毫不留情地欺凌我。很多人走到我家门口，冲我们叫着："打哪儿来就回哪儿去！"我们接到过模仿中国人说话的恶作剧电话，我们的房子被扔鸡蛋，窗户也被打破了。当我鼓起勇气告诉老师或学校的管理人员时，他们总是对我说："情况没有那么糟糕"，或者"他们只是一些坏人而已"。这种情形贯穿了我的整个童年时光，直到我高中毕业。

规则 2　绝不要为自己开绿灯

我曾抱怨父母把我们从家族大部分人聚居的纽约，搬到这个令我生活在恐惧之中的小镇。随着时间的推移，我学会了如何不引起别人的注意——成为透明人可以确保人们不留意到我或是嘲弄我。

高中时代的一个晚上，我和一个朋友在家中学习，收音机里传来了《小美人鱼》中的《你的世界》这首插曲。当晚我们下定决心，要赢得奖学金去上大学，前往一个远离这个小镇的世界，并且永不回头。我以为到一个人们能够接受我本来面目的地方，就会解决我的困境。

我顺利地拿着奖学金，进入杜克大学学习工程学。我们专业的大部分工作都是靠单打独斗。我花了数百个小时泡在计算机实验室里钻研问题集。这很适合我，因为我喜欢独立工作和几乎无声的学习小组，我们互相帮助，花费数小时在书面练习上。我考虑过毕业后进入工程领域，但在当时，许多杜克大学工程系的毕业生都进入了咨询行业或银行业，而研究商业问题对我而言似乎更具吸引力。

在我大学毕业之际，战略咨询行业的工作很受追捧。正如著名的波士顿咨询公司（BCG）的一位企业合伙人在面试过程中对我说的那样："对于一个刚毕业的学生来说，加入我们公司就是给你的简历镀金。"该公司从最顶尖的高校挑选出最优秀的学生，被这个公司的子公司录用，比进入许多大学还要困难。

于是，我加入了波士顿咨询公司的亚特兰大分部。我在信息整合工作方面表现得十分出色，能够写出全面的文件，并进行强有力的文字叙述。我认为这已经足够了，但咨询业是为那些愿意张口说话的人而设立的行业。当我被告诫要"多与客户展开社交"时，我记得我当时问经理："作为一个合伙人，社交与我的能力有什么关系？"我意识到，在那之前对我有帮助的品质已经不再起作用了。在职场上，擅长做习题集、测试和小组项目毫无意义。我曾以为设计更优秀的组织战略方案和更赏心悦目的演示文稿才是最重要的，因此我给自己开了绿灯，并告诉自己：我所厌恶的与客户建立联系这件事，其实无足轻重。

几年后，我离开了咨询界，进入斯坦福大学商学院学习。我在那里上了一堂组织行为学的课，重点是学习如何运作公司和组织内的关系。这门课涵盖了领导力的重要因素，以及人们如何根据其无意识的偏见进行互动。

期末考试包括以下问题："上了这门课后，你会有什么改变？"

我犹豫了一会儿，然后写道："我将在工作中成为一个外向的人。"

在我做咨询的那几年，我天真地认为，成功是关乎一个人所做的工作。但现在，我明白，一个人若要对他人产生影响，一部分在于建立人际关系和存在感，而隐藏自己的观点则阻碍了这一点。于是，我不再给自己开绿灯，而是让自己隐蔽地待在舒适区里。

毕业时，我加入了一家名为"贝宝"的小型初创公司，担任产品经理。从第一天起，我就强迫自己改变。我花时间投资人际关系，更多地与周围的人接触。我在会议上踊跃发言，邀请人们

规则 2　绝不要为自己开绿灯

共进午餐，并花很多时间与整个公司的人进行一对一的交流。我每天在舒适区之外工作 10 个小时。一开始，我感到很累，但我逐渐注意到我与他人互动的方式发生了变化，这反过来也影响了他们对我的反应。

通过不遗余力地花时间与他人相处，我看到我的人际关系开花结果，并不断成长。当我像之前那样做"隐形人"时，必须依靠别人把我从"壳"里拉出来交流，以获得他们需要的东西。通过保持开放的心态，我更容易与他人建立起联系。

我接受了脸书的工作，我知道大家对我的期望是与同事公开分享信息，而且在脸书把同事加为好友是常态——这是由于脸书的组织结构相对扁平化，而一个人的影响力来自他的人际关系。最初，公司在内部版本的系统上运作，与个人账户绑定，而发布自己的想法是与他人联系并增进团队工作的方式。

脸书与更多传统公司不同，它的运作方式就像社交网络本身一样。我最初看不到也不了解有一个隐藏的联系和影响网络的存在。成功地交付产品意味着推销你的想法，让人们参与进来，并建立一个希望看到它们实现的同事联盟。公司允许员工塑造自己的角色，也允许他们在不同的团队中流动，所以一个伟大的想法如果能让人们感到兴奋，就能获得更多的资源，从而提高成功的可能性。

起初，一想到要不断地让自己投入其中，我就不知所措，而且我非常不擅长这方面的事情。我习惯于分配资源，制定路线图，而非不停地倡导并争取关注与支持。但我的入职导师贾斯汀·奥索夫斯基一直敦促我安排时间与他人交流，分享我的想法。他一直在问，我们如何能够加倍努力，以扩大我们的业务。我当时意识到，我的工作核心就是不惜一切代价把产品推向市场，而我在这方面是失败的。我一不留神给自己开了绿灯。

开绿灯的危险

20多年来，卡罗尔向数以万计的人——特别是女性，传授了开绿灯这一概念。开绿灯意味着允许我们放弃自己的权力。

韦恩·格雷茨基说过："如果你从不出手，那么你就会百分之分错失良机。"[1] 这就是开绿灯的核心：你躲开球，而不是抓住它去投篮。

硅谷著名的行政人员教练和领导力培训师卡罗尔称这种做法是"无意的荒谬策略"。没有人会在出席会议时对自己说"我不打算在这里增添任何价值"，或"我打算把房间里的能量吸走"。但你给自己开了绿灯，无论你是否有意这么做。

听到卡罗尔热情洋溢地谈论不要给自己开绿灯，人们永远不会想到她是如何在痛苦的羞怯中长大的。今天，她给数百甚至数千人的观众演讲，但她的旅程是从向内看开始的。她生命中的转折点发生在她最喜欢的比萨店。卡罗尔在不远处的音乐乐园工作，经常去比萨店吃午饭。有一天，服务员问她："为什么你看起来总是很悲伤或很生气？"那一刻，卡罗尔借助外人看清了自己。她给自己开了绿灯——她不知道自己的羞怯对别人产生的影响，也不为之负责。从此，她决定不再为自己的内向性格找借口,而是要对他人产生积极的影响,特别是她的同事和客户。这是打破内心的绿灯并使每一次互动都有意义的第一步。

有多少次,你抛开自我,只关注别人是如何看待你的?有多少次,你有一个想法却不敢说出来?有多少次,你不敢要求晋升或加薪?有多少次,你让男同事打断你,却没有说出来?每当这些事情发生时,你就等于放弃了自己的权力,允许自己不出手。你是在给自己开绿灯。

我们女性往往只在适当的时候才会开口说话,或者等到有了完美的答案才敢跳出来。卡罗尔指出:"作为一个害羞的人和完美主义者,我认为语言是100%重要的,'我想不出完美的措辞,所以我没有开口。'我花了很长时间才意识到这种做法是多么有风险。后来,研究发现,当我们说话时,文字只占被感知的7%。我希望我能早点儿了解到这一点,这样我就不会花这么长时间才意识到它的影响。"[2] 阿尔伯特·梅拉比安教授几十年前的研究表明,在交流感情或态度时,我们使用的语言只占被感知的一小部分;实际上,有55%的感知来自肢体语言,38%的感知则是通过语气来传达的。这一认识促使卡罗尔不再给自己开绿灯,而是更多地开口说话——怀着她隐藏了很久的激情来说。

普拉蒂·拉乔杜里是脸书的研究主管。几年前,我们正带领一个团队专注于扩大开发者平台的规模。在我们与高管团队的半年度审查中,当我介绍我们的情况时,首席运营官(COO)问了一个关于开发者净推荐值的问题。这是由普拉蒂事先实施的。我轻轻推了她,她转过身来,低声说出了答案。我大声重复了一遍，与大家分享了这个答案。之后，首席运营官走过来对我说："别再让她这么做了，她的工作应当由她自己来说，而不是告诉你，让你替她说。"

普拉蒂是脸书最早聘用的研究人员之一，她不仅帮助塑造了脸书的功能，还开创了一种研发模式，将其作为全球科技公司产品开发的核心部分。然而，在那一刻，她给自己开了绿灯。

每当你走进一个房间，你都会留下一些自己的东西。想象你放在桌子上的一张照片，你想给别人留下什么印象？许多人，特别是女性，在参加会议时，一直坐在后面倾听，却从来没有说过一句话。她们留下的是一张褪色的照片，有时如此模糊，甚至没有人知道她们在场。这些女性在会议上投入了时间，却没有产生任何影响就起身离开。

不要给自己开绿灯。如果你要露面，就确保你真的露面了。我可以听见你脑海里的辩解："我是个内向的人"或"我不想说错话"。

但在场意味着被他人听见。

之前，我大部分时间都在沉默中度过——我从不在课堂上或工作中发言。但是，在你的生活中，总会出现一个转折点，让以往有效的东西失效。你必须做出选择，适应或停滞。当我来到商学院时，对我来说是一个关键时刻。在大多数课程中，我们30%到50%的成绩来自课堂参与。我再也不能仅仅依靠交出完美的作业和努力学习以应对考试了，这种策略曾帮助我以出色的成绩从高中毕业，并以最优异的成绩从大学毕业。但现在，我不得不改变我的方法。我本可以告诉自己，我是一个天生内向的人，然后给自己开个绿灯。但现在，我将大声表达当作一种学习技能。

每周，我都会设定一个目标，要求我在每堂课上参与发言的次数，并把它写在笔记本上。然后，每次发言时我都给自己打分。这样，我就可以控制自己回答的数量和质量。起初我很挣扎。我举起手来，又感觉自己的观点很过时，就像别人说过的话的拙劣回声。但随着时间的推移，我的反应越来越快，观点越来越灵活，越来越多地参与到对话的动态中。虽然花了一年多的时间，但我终于达到了可以自如表达的水平，不再像一开始那样感到恐惧。

不给自己开绿灯，意味着将每一次遇到的障碍都重新规划为学习经验。对我而言，最重要的是要有一股动力。我需要一个理由来改变，而无法从商学院毕业的风险正是催化剂。我需要学会战略外向性，于是我行动了。

逆流而上地发言

埃伦·奥乔亚博士于1993年乘坐美国国家航空航天局（NASA）的"发现号"航天飞机，作为第一位进入太空的拉丁裔女性创造了历史。这是四次太空旅行中的第一次。她后来成为美国国家航空航天局约翰逊空间中心的主任。但小时候，她从未想过自己会成为太空探索的开拓者。

在埃伦上大学之前，女性和少数族裔甚至不会被选为宇航员。埃伦在斯坦福大学工程系攻读博士学位期间，目睹萨利·莱德成为第一位进入太空的美国女性。萨利和她一样拥有物理学学位。埃伦看到了追随萨利脚步的可能性，因此她向美国国家航空航天局提出申请，她花了5年时间才被录用。

我认识埃伦时，她是脸书"女性领导力日"的嘉宾，和来自世界各地的数千名女性聚集在一起。她分享了一个让我记忆犹新的故事，讲述了她如何坚持自己的立场，虽然当时她并不知道自己究竟是对还是错。

2003年，"哥伦比亚号"航天飞机在重返大气层时解体。这一悲剧发生后，美国国家航空航天局在准备进行事故之后的首次发射时，注意到外部油箱中的传感器存在问题。在调查问题的过程中，多个故障信号导致发射中止。在接下来进行的一次倒计时期间，尽管有一个传感器失效，但任务管理团队依然全员投票"继续执行"。埃伦代表全体机组人员投了反对票，决定放弃发射。正是她的投票使得这次发射被叫停。

下一次准备发射时，所有传感器都显示正常。航天飞机成功且安全地发射了。

尽管埃伦是唯一的反对声音，但她并没有给自己开绿灯。尽管其他人都和她持相反意见，但她还是站了出来，阻止了发射。由于团队仍然不清楚故障的原因，因此无法确定伴随其中的风险，而她遵循了现有的飞行规则，出于保护机组人员的安全考虑采取停飞措施。经过一年多的调查，美国国家航空航天局最终发现了问题的根源，它可能影响到任何一个传感器，因此比单一的故障具有更高的风险。

规则 2　绝不要为自己开绿灯

你的克星和超能力

我要告诉你一个秘密：在那个房间里，你是与众不同的，你和别人不一样，你有一种超能力。你认为让你内心有负担的东西，其实是一种力量。与众不同可能会让人感到困扰，却能帮你看到很多其他人看不见的东西。这就是一种天赋。然而，如果你因不适而默不作声，那么你的与众不同就可能会成为阻碍你前进的克星。

埃伦认为，我们不值得冒险发射一架存在未知传感器故障的航天飞机，特别是在哥伦比亚号航天飞机失事之后。她意识到，自己有责任确保自己的声音被听到。如果当其他人都在说"是"的时候，你的本能反应是说"不"，那么请坚信自己的观点，并解释你的理由。

当你与你周围的人不同时，你的观点往往会显得与他人格格不入，但这恰恰是它非常重要的原因。给自己开绿灯从而避免发言，意味着你可能会错过一次重要的机会。与其把你的意见视为唐突和相反的，不如像埃伦那样，把它视为需要被听到的额外信息。

我在 2009 年第一次加入脸书时，参与了一项叫作"黑客马拉松"（Hackathon）的传统活动，这项活动让员工花几天的时间做一个副业项目，其中成功的项目会被推荐给高管，并将其整合到脸书的主要产品中。我和公司的第一位用户研究员梅格·斯隆以及在线运营负责人萨拉·史密斯一起完成了我的第一个黑客马拉松项目。当时，公司员工的平均年龄不到30岁，而我和梅格是公司里为数不多的已为人母的女性员工。我们的项目基于让女性通过将自己的脸书状态设置为"准妈妈"来公开她们怀孕的消息。

我把这个项目介绍给脸书资料组的产品经理，他问道："为什么有人想这样做呢？"

我回答说："当你怀孕了，你想在第12周的时候与朋友分享这个好消息，你会做什么？"

他似乎感到莫名其妙："什么？"

我说："你会发布一张超声波照片，宣布你怀孕了。"

后来，脸书推出了"重大生活事件"，其中包括用户可以向他们的朋友宣布重要的里程碑事件，包括"准妈妈/准爸爸"。6年后，当那位产品经理的妻子怀上他们的第一个孩子时，我们在一段时间没有共事之后再次见面了。我提醒他我们初次见面时的经历，他道歉了，我们一起开怀大笑。

最后，在公司10周年庆典的问答环节中，我分享了这个故事。我讲述了不同的观点如何能帮助我们为世界打造更好的产品。在过去的10年中，我致力于构建其他人不想参与，或认为行不通的产品和团队。我不随波逐流，而是寻找那些没有人愿意去做的项目，并对其进行投资，因为我看到了别人所没有看到的东西。不走寻常路让我有机会建立若干个价值数十亿美元的企业，开发触及人们生活的新产品，并有机会改变公司的发展方向。

当你害怕因为自己的观点不同而犯错时,你需要倾听那个声音并相信它,把你的观点展现出来。那些别人忽略的事情对你来说是显而易见的,你无法理解为什么其他人看不到或不理解它。记住,不要压抑自己的声音以迎合别人。

创造属于你自己的大门

生活中总会有一些时刻,你处于劣势地位,面临着重重困难。你可以选择接受现实,也可以通过奋斗争取属于自己的道路。

米里亚姆·里维拉将她的成功归功于她一生中的信仰、他人的善意,以及她的母亲所展现出来的职业道德所带来的"可能性"。尽管成长环境艰苦,但她从未因为绊脚石而放弃发挥自己的潜力,因为她看到前方有更美好的事物。她出身贫寒,周围的许多人从未摆脱过贫困,但她不想止步于此。最终,她参与创立了硅谷最具影响力的、由拉丁裔主导的风险投资基金之一:Ulu创投(Ulu Ventures)。

她的故事始于她出生之前。

米里亚姆的母亲在波多黎各一个充斥着暴力的贫困家庭中长大,她的第一个孩子被强行送去收养,因此加重了她的抑郁症。她留下了第二个孩子,也就是米里亚姆的姐姐,之后又生下了4个孩子,其中就包括米里亚姆。

作为农场移民工人,这家人的经济状况十分窘迫,因此他们决定搬到伊利诺伊州的芝加哥市的工厂工作。米里亚姆的童年很不平静，她的父亲经常对她进行身体和语言上的虐待。因为要养育 5 个孩子，她的母亲多年来一直忍受着父亲的虐待。在米里亚姆 9 岁那年，她的父母终于离婚了。"我认识的女性都没有权力，我发誓绝不会让这种情况发生在自己身上"她回忆道。米里亚姆立志，面对挑战，无论什么挡在面前，她都不会退缩。

芝加哥公立学校为她敞开了大门。在小学时，几位老师意识到米里亚姆的才华和潜力。二年级时，老师告诉她的父母，说她很有天赋，并推荐她进入一所私立学校就读。但这个机会并没有被抓住。之后，另一位老师将米里亚姆介绍给了"更好的机会"组织，这是一个将有才华的少数族裔儿童安置在私立学校的非营利组织，其校友包括马萨诸塞州前州长德瓦尔·帕特里克，以及著名歌手兼作曲家特蕾西·查普曼。[4] 米里亚姆申请了这个项目，在前往芝加哥柏悦酒店参加招生活动时，她发现自己认识的人里，没有一个在豪华酒店住过。她回忆道："我所认识的唯一去过这种高级酒店的人，是那些清洁工。"

米里亚姆接着考入了菲利普斯·埃克塞特学院——这所名校一向择优录取，且费用昂贵。她和几十个来自贫困家庭的少数族裔青少年一起，从大城市搬到了新罕布什尔州中部的一个只有一万人口的小镇，他们的同学大多是白人，且出身上流。即使到了今天，这个城镇的白人人口仍占 95% 以上。米丽亚姆感到非常失落和困惑，因为她离开了自己熟悉的环境。[5] 她静静地看着一半的少数族裔同学大多因文化差异而退学，他们从一贫如洗的家庭搬到了一个富裕的环境中，这让他们很不适应。米里亚姆上

规则 2　绝不要为自己开绿灯

了一年学,在获得了高分成绩后,她意识到自己和其他同学一样优秀。

两年后,米里亚姆决定遵循自己的意愿离开这所学校,又回到芝加哥,并就读于芝加哥拉丁学校。这所学校离家更近,让她感觉在文化上更容易融入。这次经历使她意识到拥有自己的道路并追求所需的重要性。这一理念贯穿了她的整个职业生涯。

每当米里亚姆看到一扇紧闭的门,她都会想办法绕过去。作为一名狂热的研究者和书虫,她申请到了斯坦福大学的奖学金和勤工俭学的机会。为了维持生计,她在就业中心兼职,帮助其他大学生找工作。借助这份兼职,她见证了技术的力量以及它所能实现的事情,她想做得更多。由于不确定自己应该拿法律学位还是商科学位,米里亚姆便读了这两个专业,并同时获得了法学博士和工商管理硕士学位。

米里亚姆随后与新婚丈夫克林特·科弗创立了一家初创公司,并很快迎来了他们的第一个孩子。他们成功地筹集到了天使轮和A轮融资。然而,当他们到达B轮融资时,风险投资公司表示,如果米里亚姆继续留下来的话,他们将拒绝提供资金。在米里亚姆被解雇后,一位董事会成员对她说:"如果你是我的女儿,我会希望你留在家里照顾我的外孙。"

米里亚姆没有被这个挫折吓倒,而是找到了一条新的路:她给在艾瑞柏(Ariba)①工作的知名墨西哥裔美国律师加布里埃

---

① 一家位于美国的成立于1996年的老牌云端电子采购软件及服务商。——编者注

尔·桑多瓦尔写了一封信，并通过打电话，争取到了一次与加布里斯会面的机会。在那次午餐上，加布里埃尔向她提供了一份工作机会，她当场接受了。后来，当艾瑞柏裁员时，米里亚姆要求获得离职补偿，并加入了一家名为"谷歌"的初创公司，担任他们的第二位律师。在谷歌，她晋升为副总裁及副总法律顾问。

在职业生涯的关键时刻，米里亚姆本可以选择在谷歌担任总法律顾问或战略副总裁。然而，她后退了一步，决定继续探索。她留意到了风险投资领域的不公平，于是决定筹集基金创立"Ulu 创投"。Ulu 创投致力于资助那些被忽视且不太可能得到支持的多元化初创团队，其超过 3/4 的投资流向由女性、少数族裔或移民创始人领导的初创企业，远高于行业平均水平。[6] 截至目前，该公司管理的资产超过 2 亿美元，资助 10 家估值超过 10 亿美元的公司（也被称作"独角兽公司"）。其中 3 家公司现已上市，它们分别是 SoFi（Social Finance，社会金融）、Palantir（帕兰提尔）和 Proterra（普罗泰拉）。

米里亚姆的成功并非必然。她周围的许多人都无法摆脱他们的家庭背景，挣扎于毒瘾、贫困和无家可归之中。但米里亚姆从未让任何挑战阻碍前进的步伐，她积极开辟自己的道路，牢记"凡事皆可成"。她一次又一次地面对困境，但每次都不被它们击垮。虽然她可以选择放弃，但她坚持不懈，创造了看似不存在的机会。

学会发问

埃伦·奥乔亚博士结束了她作为约翰逊航天中心的中心主任

的职业生涯，她是第一位担任该职务的拉丁裔和第二位女性。在她职业生涯的早期，她位于最高层级中心主任以下两个层次，她需要向组织主管汇报工作，而该主管则向中心主任汇报。有一次，中心主任向埃伦征求有关一名管理者候选人的建议。她针对候选人提出了自己的看法，接着说道："希望在时机成熟时，我也能被认为是一名强有力的候选人。"

对方回答说："哦，你有兴趣晋升为主任吗？"

埃伦回忆起自己的反应："我意识到，像许多女性一样，我认为自己的成就和工作上的努力是不言而喻的。但实际上，我并没有向主管或中心主任表达过我的职业愿望，而其他所有候选人都是男性，并且他们都已经明确表示过自己的想法。"

如果埃伦没有说出自己的想法，她可能会一直为同事工作，而不是成为约翰逊航天中心第二位担任高层职务的女性。她本可以只是闲坐在那里，独自纳闷为什么从来没有人考虑她。然而，即使知道答案可能是否定的，她还是没有犹豫，直接发问。她抓住机会，得到了这份工作，然后又得到了下一个机会，所有这一切都是因为她学会了如何发问。

我们有多少次没有说出自己想要什么，然后又纳闷为什么没有得到它？其实，有时别人正等着我们举手。如果我们给自己开绿灯，也许他们会认为我们并不是真正想要它，或者我们还没有准备好，从而迫使我们无法晋升。

这就是发生在梅莉·汤姆身上的事情，她是加州政界最具影响力的亚裔女性之一。在1974年至1994年间，当时鲜少有女性和少数族裔在政界的高层发挥作用,梅莉成了先锋。在7年的时间里,梅莉在小威利·布朗议长的行政工作人员中担任副首席行政官(CAO)。在此期间,梅莉聘用并培养了一位新的首席行政官作为她的上司,以支持布朗,成为他在加州州议会中的得力助手。这是议会中最高的非选举职员职位。当第一任首席行政官离开时,梅莉雇用并培训了第二任首席行政官。当他后来离职时,她又雇用和培训了第三任首席行政官。在前后经历了三任首席行政官后,她找到这位传奇的布朗议长,说:"如果我已经培训了三名首席行政官,那么我足以成为一名首席行政官。"

布朗沉默良久回道:"梅莉,你怎么到现在才问呢?"

梅莉尽职尽责,忠实地为布朗服务,主动培训她的上司,但她从未为自己发声。她一次又一次地把自己的权力交给了别人,让别人来掌权,直到她开口。当她开口的时候,布朗认为她已经准备好担任这一职位了。在担任加州州议会的首席行政官后,她又打破了加州立法机构的另一个职业玻璃天花板,成为第一位担任加州参议院议长办公室主任的少数族裔女性,随后她离开加州,又在私营公司取得了成功。[7]

回首往事,梅莉感叹道:"我找不到自己不能胜任高层职位的理由,因为我一直在培训自己的上司。最终我意识到,如果我相信自己能够做到,那么冒险争取这份工作就是我的责任和义务。"

有多少女性在意识到是时候发声之前,一直在默默地辅佐自己的上司?

发问意味着要冒险听到"不"的答案。将自己置于这番境地，意味着有时你会失败，无法在想要的时间得到想要的东西。但是，如果你没有经常听到"不"，你的要求就不够多。正如卡罗尔·伊索萨基强调的那样："开绿灯并不是真正的解决办法，它背后有着巨大的代价。"每当你保持沉默，每当你坐下来不开口，每当你不争取某个机会时，都会付出代价。这种代价是无形的，却始终存在。

不发问的代价就是你没有影响力，没有机会被邀请参加下一次会议，无法获得晋升。大多数要求加薪的女性最终都未能如愿，但这并不是放弃尝试的理由。只有积极寻求，你才能得到你想要的东西。正如埃伦和梅莉的经历所示，沉默是有代价的，而且这个代价可能比你想象的高得多。

不要再给自己开绿灯了，积极地夺回你的职场权力吧！

规则 3

制定正确的人生路线

大多数人都高估了他们在一年内能做的事情,却低估了他们在十年内能做的事情。

——现代格言

小时候，我的父母只希望我们能过上稳定和舒适的生活。我记得我问过他们，住在南方小镇上一个整洁的小区里有什么感觉。父亲回答说，这种宁静是他一生梦寐以求的。我不明白。我们住在一个人们对我们态度很恶劣的小镇上，但这并没有对父亲造成任何影响，这怎么可能是美国梦呢？

我的父母都出生于大家庭。父亲有7个兄弟姐妹，母亲有6个兄弟姐妹。尽管他们是在越南的中产阶级家庭中长大的，但他们每天都忍饥挨饿。最终，他们逃离了越南，前往香港。后来，他们各自来到美国上大学。虽然他们的家人彼此认识，而且他们在越南的住所只相隔几个街区，他们在纽约市相遇时已经快30岁了。

我父亲晚年被诊断出患有癌症，生命只剩下不到一年。他说，他对自己的人生感到很满足，当时我并不理解。他从越南逃到香港，又独自从香港前往美国，经历了我所不知道的艰辛。他告诉我，曾经有一段时间，他的家庭非常贫穷，只能吃米饭和蔬菜，很少有机会吃到肉。由于他小时候体弱多病，保姆会在父亲的饭里藏一些额外的蛋白质，但他的兄弟姐妹却没有。当他带着微薄的积蓄来到美国时，他几乎吃不起饭，只能把牛奶和米饭混在一起当晚饭。他从不让我们浪费一粒米，并不断提醒我们从不担心温饱有多幸运。

我父亲当年工作时饱受歧视,即使他拥有学位,公司也不授予他电气工程师的头衔并提供相应薪酬,而是让他一直当技术员。正是这种歧视促使我们从纽约搬到了南卡罗来纳州,一个我的父母几乎没听说过也没去过的州。

我厌恶在一个永远被烙着与众不同的印记的地方长大,但对于我父母而言,这就是美国梦。他们期望我和姐姐过上预想的生活:努力学习,成绩优异,获得一所好大学的奖学金,找到一份合适的工作,嫁个好人家,生育三五个孩子,住在一个有白色围栏的整洁郊区房屋里,拥有修剪整齐的草坪,也许还养着一条狗。

我曾是一个奋斗者,一个成功者。只要有目标,我就会朝着它前进。在我上3年级时,老师曾经把一份名单掉在了地上。由于名字不是按字母顺序排列,于是我相信这是一份班级排名表。我的名字出现在第5位。从那时起,我决定要成为高中的优秀毕业生。9年后,我做到了。我知道父母没有钱同时支持我和姐姐上大学,所以我疯狂地申请奖学金。杜克大学的奖学金及其他十几个组织的资助负担了我的大部分学费。后来,当我找到第一份工作时,我向父亲展示了录取通知书。他自豪地笑着说:"你刚毕业就比我这个入行近30年的工程师赚得还多!"

但这还远远不够,我总觉得自己还有要证明的东西。我想读研究生,一时兴起,就申请了法学院。出乎意料的是,我被耶鲁大学录取了,但当时在哈佛大学法学院读书的男友说服了我,他让我相信自己不会喜欢法学,他建议我申请商学院。于是,我在波士顿咨询公司工作了几年,并将目光投向了斯坦福大学的工商管理学位。

从斯坦福大学毕业后,我先后在贝宝、易贝和脸书工作。加入脸书的那一天,他们向我展示了一张"M团队"的照片,这是领导公司的小团队。我发誓有朝一日也要成为其中的一员。5年后,我实现了这一目标。

但是接下来呢?一栋房子、一笔抵押贷款,以及简单的生活,再开发一个产品,获得晋升,向这个无形的阶梯上攀登更高一层。有一天,我醒来后问自己:"难道这就是我人生的全部吗?"

如果你愿意攀登,那么这个阶梯就是没有尽头的,而且永远没有顶层。向上攀登的回报在于看到自己尚未完成的事情。但我当时没有意识到的是,这个阶梯是由别人搭建的,并且我是在按照他们对成功的定义来生活。当我意识到我可以开辟自己的人生之路时,我才意识到自己真正的内在力量。

追求你的梦想

邢立美(Abigail Hing Wen)在美国英特尔公司(Intel)的人工智能领域取得了成功。她每晚还会写作一两个小时,并坚持了12年之久。白天,她在公司负责人工智能业务拓展和投资实践。夜晚,她撰写着一个亚裔美国女性在俄亥俄州的成长经历。

如同许多移民的孩子一样,邢立美很早就明确了自己的职业之路。她本科就读于哈佛大学,之后进入哥伦比亚大学法学院,在那里获得了法学博士学位。她符合成为学术界法律教授的所有条件:曾是《哥伦比亚法律评论》(*Columbia Law Review*)的编辑，担任过华盛顿特区巡回上诉法院的书记员，并曾在一家备受尊敬的律师事务所工作。然后，当时机成熟时，邢立美意识到自己的梦想是为年轻读者创作小说。

于是，她转变了职业方向。搬到硅谷后，她加入了英特尔公司，负责人工智能项目，并以"人工智能公平性方面最受尊敬的声音之一"而闻名。[1] 在这段漫长的时间里，邢立美还写了4部小说，但都没有被出版社选中。尽管屡遭拒绝，她仍然坚持写作。

终于，《台北爱之船》（Loveboat, Taipei）出版了。这本书是根据她高中时期第一次离开家，在台湾度过暑假的经历进行创作的。她把书稿寄给了一个代理商，最终赢得了一份六位数的合同和多笔版权交易。该书荣登《纽约时报》畅销书榜后，邢立美走上了一条超越英特尔的全新道路。她与奈飞（Netflix）热播剧《致所有我曾爱过的男孩》（To All the Boys I've Loved Before）的制片人合作，将《台北爱之船》改编成电影，并最终离开英特尔，专职从事制片和写作。目前，她成立了一家制片公司，在银幕上呈现其他亚裔美国人的故事。

邢立美走着自己的人生路线，而不是遵循别人为她预设的那条路。即使在似乎不可能实现的情况下，她也依然为之努力。她主持了一档关于人工智能的播客，并将自己的书改编成电影。她还出版了《台北爱之船》之续篇《爱之船团圆》（Loveboat Reunion），发表了第一部短篇小说《惯用语算法》（The Idiom Algorithm）。目前，她的首部图像小说《不安分的摊位》（The

Fidget Booth）即将出版。她与一位传奇的电影经纪人签约，现在正在创作她毕生都热衷的主题：关于家庭、文化、伦理、科技、领导力和国际关系的原创电视剧和电影。

通过追求成为一名作家的梦想，邢立美打开了一扇通往她以前知之甚少的领域的大门。尽管白天她专注于人工智能领域，但她的夜晚却被写作、编辑和出版活动所占据。她没有放弃自己的梦想，而是悄悄地培养和磨炼自己。她开玩笑说，虽然她看起来像是一夜成名，但实际上她的成功基于10多年的积累。即使面临被拒绝的残酷现实，她也从未放弃过自己的梦想。

几乎人人都有梦想，但如果你不向它迈进，它就只会是一个梦想。每天晚上，当邢立美写作时，她离成为一名畅销书作家又近了一天，尽管那还需要10年以上的时间。在此过程中，她锤炼自己的文字，与其他作家交流，并获得了佛蒙特美术学院的艺术硕士学位。

如果你有梦想，那就从每天做一点点开始。无论是为了出国工作学习一门语言，还是构思新业务或者提升职业技能，你每天都要抽出一点儿时间来接近自己的目标。一个想法可以变成一种爱好，一种爱好可以变成你的职业，而一份职业可以成为你的事业。我们往往希望立即看到结果，如果无法实现就会感到气馁。但日积月累，我们将改变未来，这一切都始于一个计划以及愿意花时间去完成它的决心。

我开始一点点地写这本书。多年来，我在工作中撰写并发表了一些文章。慢慢地，我开始在主流新闻媒体上发表文章，包括《福布斯》(Forbes)、《石英》(Quartz)和《企业家》(Entrepreneur)杂志。每天晚上，我都会花 30 分钟写点儿什么。我写的大部分文字仅存于电脑里，但这让我养成了用文字将它们记录下来的习惯。每次写作时，我都担心没有人愿意读它；但最终，我决定写给真正需要读它的人，而不是试图取悦所有人。

我慢慢学会了分享我的故事，一篇接着一篇，最后将它们编成了这本书。

如果你有一个目标，就从分解它开始：

- 写下你的目标，设定一个 2~5 年的时间范围。
- 将目标分解为具体可行的单位，并设定每月或每季度的任务目标。
- 规定每天投入该项目的特定时间。
- 借助朋友或学习小组寻求问责，设定每周的目标，向他们汇报学习情况。
- 给自己留出失败和走弯路的空间。

无论你的梦想是什么，绘制目标地图都是一个很好的开始。在地图的中心位置，写下你想在 2~5 年内实现的目标。接下来，围绕中心目标，拆分出 3~5 个子目标，以便实现你的总目标。在外圈中，写下你达成子目标所需要做的 3~5 件事。把这张目标地图放在一个你能看到的显眼位置。以下是一张目标地图的示例：

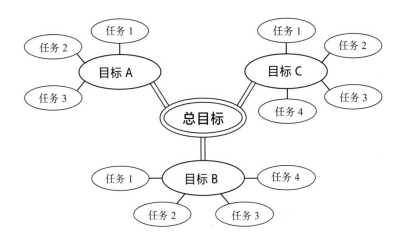

盖尔·马修斯博士于2015年所做的一项研究表明，仅仅写下自己的目标就能让目标实现的可能性提高33%。[2]但那些不仅写下自己的目标，还与朋友分享每周进展的人则取得了更大的成功。邢立美和一些朋友参加了一个写作圈子。12年里，他们交换作品，互相反馈，并帮助彼此取得成功。邢立美小组中的每位女性都出版了自己的作品。在这些女性的鼓励和支持下，她坚持继续写作。

制定属于自己的人生路线并不容易，但是分解问题、寻求支持和问责制可能是获得成功的秘诀。

把绊脚石变为踏脚石

向珊莹（Sanyin Siang）认为自己是一个"有计划的女孩"。她以高中优等生的身份毕业，并获得了久负盛名的"A.B. 杜克大学奖学金"。该奖项每年仅授予少数顶尖申请人。

珊莹从小就立志成为一名医生，并且一直都在为此努力。她在大学三年级时，由于成绩下滑，失去了奖学金，成为医生的梦想一夜之间破灭了。她的未来曾经很清晰，但现在她面临着一个深不见底的空洞，失去梦想的失望让她心力交瘁。

于是，这个"有计划的女孩"现在必须想出一个新计划。珊莹将这次失败转化为实现她人生下一个目标的催化剂。如今，珊莹第一次有机会自由地探索她所拥有的一切选择，她把这些选择重新组合起来，决定探索一条不同的道路。这最终促使她又回到杜克大学，取得了富卡商学院的高级工商管理硕士学位。随后，她创建并担任富卡商学院老 K 教练领导力与伦理中心（Fuqua/Coach K Center on Leadership & Ethics）的执行主任近 20 年。

今天，向珊莹为各大企业的首席执行官、知名运动员和军事将领提供培训。她在领英（LinkedIn）上有超过一百万的粉丝，她还是多家公司和非营利组织的董事会成员。这一切都得益于她 21 岁时遭遇的那块绊脚石，它最终成为她迈向成功的垫脚石。

我们都会在某一时刻遭遇失败。我们能做的唯一决定是，要不要让失败定义我们。当我在商学院就读时，我准备在第一年和第二年暑假出国工作。我去了香港的麦肯锡公司实习，这让我实现了与祖母相聚并探索海外工作的梦想。但在那个夏天结束时，我没有收到麦肯锡全职工作的邀请。在暑期实习结束后，没有得到这家知名公司的工作邀请，这意味着失败，令我深感挫败。直到现在我才敢把这件事说出口。回首往事，我意识到这也是我没有从事安全的咨询行业，而是冒险加入了硅谷的初创公司贝宝的原因。这为我接下来的职业生涯打开了大门。

职业道路并非一成不变。它并不总是向上和向右延伸。遭遇失败或阻碍时，我们可以任挫败打倒我们，也可以将其作为催化剂让自己变得更强大，去寻求绕过障碍的另一种途径。即使你的最终目标已经不可能实现，人生的弯路也可能把你带到精彩和意想不到的地方。在许多方面，向珊莹人生中最大的失败变成了她经历过的最好的事情，她允许自己放弃原来的梦想，去追求新的目标。她没有屈服于绝望，而是找到了自由。

挫折和沮丧是难以避免的。有时你会感到自己已经走到了绝路，但下一个山坡的另一边可能就是新的机会。我为这本书采访了20多位女性，尽管她们每个人都取得了成功，但也都曾面临着重大的挑战。她们共同拥有的特质就是坚韧不拔，拥有超越失败并建立全新未来的能力。

许多女性会在人生第一次失败后陷入困境。但与其让第一个"不"成为人生之路的终点，不如将其视为新生活的开始。当你碰壁时，也许正是改变方向所需要的动力。你可以把挫败转化为跳板，创造更美好的未来。

凯蒂娅·维瑞森被誉为"科技高管的心灵导师"。她是硅谷著名的高管培训师，她的实践帮助了许多人，但这份职业并不是她最初的计划。

凯蒂娅出生在法国，有着多种文化背景。她的外祖父是中国人，外祖母是苏格兰裔加拿大人，祖父是法国-比利时人，祖母则是意大利人。数十年前，她的几位祖父母离开家乡，离开祖国,去寻找新机会并重塑人生。16岁时,凯蒂娅追随他们的脚步,离开法国前往美国。在美国,她成为一名律师。在硅谷最知名的律师事务所实习后,她感到自己的职业生涯开启了。

刚毕业不久,她就遭遇了一场可怕的追尾车祸,被迫接受了一年多的物理治疗,并因无法久坐而在新工作中面临困难。身为一名律师,意味着她要在电脑前工作数小时,而身体上的原因迫使她重新思考自己的人生计划。凯蒂娅意识到,在身体痊愈之前,她无法继续律师之路了。

这一认识让她回到欧洲,加入了知名投资人和风险投资家盖伊·川崎的队伍,共同打造他的投资市场。在工作期间,她学习了科技投资,并找到了一份自己喜欢的工作,安定下来。然而,这一切在2001年9月11日之后再次发生变化,那一天,全世界都为之震动。凯蒂娅被解雇了,而她并没有备用计划。

凯蒂娅决定再次重塑自己,经营自己的培训公司。她决定用自己的方式进行培训,通过理解因受挫产生的深刻创伤,并治愈这些创伤,让客户能够向前迈进。凯蒂娅继续为初创公司和大型科技公司的创始人、高管和投资者提供指导。客户的服务需求量非常大,所以她只接受被推荐的新客户,且客户的等待时间需长达数月。她第一次见到我时就对我说,"有朝一日你会成为首席执行官",我当时只是一笑而过。10年后的今天,再回首,我知道,正是她的智慧和鼓励让我走到了今天。

凯蒂娅开创了自己的职业之路,并重新定义了成功。如果不是那场车祸,她永远不会进入盖伊的公司;如果她没有被解雇,她就不会成为培训师、作家和播客主持人；如果不是因为疫情，她就不会扩大一对一的培训规模，创建一门新的"内在力量基础"课程，让数千名企业高管受益。她人生中的每一块绊脚石原本都有可能让她停止前行，但恰恰相反，它们激发了凯蒂娅内在的韧性，驱使她去寻求新的方向。这些挑战是她转变和重塑自我所需的推动力，也带领她帮助其他人找到同样的内在力量。凯蒂娅每天按照她的口头禅生活："我们无法控制发生在我们身上的一切，但作为天生的创造者，我们可以从任何事情中创造无限可能性。"

2019 年，凯洛格管理学院的两位教授王大顺和本杰明·琼斯发表了一项研究，调查了 1990—2005 年间申请美国国立卫生研究院（NIH）资助的 1 000 多名初级科学家。[3] 他们关注的是那些刚好在资助门槛上下的科学家。不出所料，那些未能获得特定资助机会的人离开学术研究的概率高出 10%。但留下来的人，则发生了一些意想不到的事情——那些坚持不懈搞科研的人，尽管没有获得资助，但他们最终产生的影响力可能比获得资助的科学家还要大。

如果我在商学院就读期间得到了麦肯锡公司的工作邀请，我很可能会接受它，从而错过探索科技领域的机会。虽然失败通常被视为负面的，但它也可以作为人生的跳板，转向新的方向，尝试自己之前未曾涉足的领域。

每一个"不行"的回答，都意味着另一种可能的"可以"，而这个"可以"或许是你从未考虑过的。我在脸书的职业生涯中，首席执行官马克·扎克伯格曾三度要求我将我团队的大部分人员转移到其他业务部门，每次都让我感到崩溃。我曾经从零开始打造了许多产品和团队，然后把它们移交给其他部门，这种感觉就像是被宣告失败了。当扎克伯格向我提出这个要求时，我感到很生气，因为我已经把自己的全部心血投入其中。因此，每一次遇到这种情况，我都在考虑离开脸书。

在职场中，我们经常将工作范围等同于职业发展，拥有更多业务意味着更加受重视或更具影响力。但有时事实恰恰相反——做太多事意味着在任何一件事上都没有足够的关注，这会导致很难在不同领域发展。

我当时没有看到这一点，但扎克伯格注意到了。他让我把脸书平台（包括脸书分析、游戏、受众网络和应用安装广告）分配给其他团队。我喜欢这些产品、人员和我们所服务的社区，我的角色已经成为我身份的重要组成部分。我们拥有通过超过100万个应用程序覆盖10亿人的能力，这使我们不仅仅成就了一个优秀的产品，还成为许多其他优秀产品的推动者。一家后来以近20亿美元价格出售的公司的首席营销官告诉我，他们公司之所以存在，完全是因为我们的开发者平台对他们产生了巨大影响，尤其是应用广告，在他们几乎要倒闭时帮助他们进行了扩张。最近我了解到，印度的一位开发者利用我们的工具来连接那些本来没有社区可以依靠的女性妈妈群体，特别是在她们对互联网的接触极为有限的情况下。

但所有这些影响都没有改变脸书平台和脸书商务世界正在分

离的事实。时机已经到了,我必须放下之前的工作来培育下一个产品。我记得当被告知公司要进行重组时,超过150人的工作将会分配到5个不同的部门。在我们思考如何执行的3周时间里,我茶饭不思,为如何告别我所热爱并投入了很多心血的团队、人员和产品而苦恼。

我把这次转变看作一次重大的职业失败,一个表明我"不够好"的迹象。我感到愤怒,甚至感到背叛,因为我所取得的成就似乎不足以证明我的价值。但半年后,通过关闭那扇门,扎克伯格迫使我将注意力集中在新的业务上。我慢慢构建了后来成为脸书市场的平台。在接下来的几年间,我们将其打造成了世界上使用最广泛的网站之一,支持数百万卖家和每月超过10亿的访问者。如果不是扎克伯格让我远离其他干扰,这一切就不会发生。

在动荡和不确定的时期,我们很容易感到沮丧。当你的晋升被忽视,想法被老板否定,或者错过了想参与的项目时,请允许自己悲伤。给自己一些空间和明确的时间来处理情绪,然后制定新的计划。避免晕船的最好方法是眺望远方,找寻新的景象。

寻找阶梯

在整个童年时期,我们的人生道路都是线性的。从幼儿园到小学,从初中到高中,也许还有大学,然后进入职场。这条路已经被走烂了,对人生的期望也很明确。但是,当你进入职场时,让你在学校里成功的固定模式往往会导致你跌倒,因为没有考试,也没有学习指南让你的工作保持有条不紊。

通常情况下,学校以外的生活会让最优秀的学生感到困惑,因为它的可能性是无限的,职业道路也有很多分叉,我们无法再通过成绩、班级排名和毕业来衡量成功,那些在规范的职业之路上蓬勃发展的人必须找到新的适应方式。通过学习寻找和拥抱非线性的道路,我们可以将自己推向新的高度。

佩吉·阿尔福德是硅谷的杰出领袖,她是贝宝的全球销售执行副总裁,也是脸书的董事会成员。佩吉在密苏里州圣路易斯市长大,是家中 6 个被收养的混血子女之一。她的母亲玛丽·阿布克梅尔是当时少数拥有数学和计算机科学博士学位的女性之一,并担任数学、计算机科学和网络安全的教授,这在那个时代几乎是闻所未闻。虽然佩吉渴望就读法学院,但她还是把专业改为了会计,以确保未来能找到工作,养活自己和家人。

作为一位在圣路易斯和巴尔的摩工作的黑人、拉丁裔和白人混血女性,佩吉加入了一家顶尖会计师事务所,为教育、政府和医疗保健领域的客户提供服务。但这些领域并没有引起她的兴趣。她回忆道:"女性和有色人种无法被分配好的任务,他们被局限在'安全'的行业,而技术性、高知名度和备受追捧的客户项目则被分配给了其他人。"20 世纪 90 年代末的繁荣时期,佩吉已在该公司的硅谷办事处工作了一年,此时她毫不犹豫地抓住机遇,为自己开辟了一条不同的职业之路。佩吉问一位合伙人是否会让她回到之前工作过的"女性友好型"领域。

对方说:"是的。"

佩吉通过谈判留在了硅谷办公室,重新夺回了自己的权力。她说:"我不会再让自己处于无法选择的境地,我不会回到过去。"

最终,她加入了易贝,并在该公司的金融部门一路晋升。然后,她接下了一个对女性来说不太寻常的任务:去洛杉矶,成为子公司"Rent.com"(租房网)的首席财务官(CFO)。当总裁离职时,她看到了接任的机会——但佩吉从未得到晋升。虽然她掌管着整个业务,但她只是一个高级主管。"不要只关注下一个晋升机会,"她建议道,"相反,专注于拓宽你的技能,这样下一个机会有可能跨越4级阶梯。"

佩吉专注于通过阶梯式发展来推进自己的职业生涯,通过机遇来培养技能,让自己能够超越那些走线性道路的人。她从易贝到贝宝,再到"扎克伯格-陈计划"[①],一步一个大进展,在其中担任首席财务官和运营主管。她随后回到贝宝领导全球销售,成为其高管团队的一员。

当佩吉退出"扎克伯格-陈计划"后,扎克伯格邀请她加入脸书董事会。她回答道:"你知道我将是董事会中最不成功的人,对吧?"扎克伯格不同意,并说服她接受了这个职位。

佩吉最初觉得自己无法为脸书这个全球最具影响力的公司之一提供建议。但从那时起,她与扎克伯格建立起更紧密的私人关

---

① 扎克伯格-陈计划:2015年12月2日,脸书创始人马克·扎克伯格喜得爱女,他宣布要把拥有的99%、价值450亿美元的股票捐出来建立"扎克伯格-陈计划"基金,用于研究各种疾病的治疗、预防和控制。

系，在公司历史上的动荡时期成为董事会上的有力发言人。

佩吉从不专注于爬上别人设计的梯子；相反，她打破了别人对她的期望，制定了自己的路线。她迈出的每一步都教会了她拓展更多新技能，而这些技能为她打开了曾经只能梦想的大门。

开辟你自己的道路

开辟你自己的道路，往往意味着要走一条没有人踏足过的路。这条路充满风险和不确定性，但它是由你亲自开创的。今天，成功不再被定义为攀登组织结构图或寻求下一次晋升，而是打造一些独特和新颖的东西。

萨普纳·切里安是华盛顿大学的教授，负责刻板印象、身份和归属感实验室的研究。她是性别刻板印象和女性进入 STEM（即科学、技术、工程、数学 4 个词的英文首字母缩写）领域障碍方面的科研先驱。她对女孩为何被 STEM 吸引，以及是什么让她们远离这一领域的理论，改变了许多大学课程的设置，并影响了科技行业的招聘。2014 年，巴拉克·奥巴马总统为她的课堂设计颁奖，以鼓励更多女性进入 STEM 领域。[4]

萨普纳的职业生涯开始于高中时期，当时她和同学们都参加了必修的计算机科学课程。她回忆说："这方面的突破主要归功于年轻的白人男性。广泛流传的计算机天才形象和我眼中的高中女孩完全不同。"尽管她和许多女性朋友在这门课上都获得了 A 的好成绩，但没有人选择将计算机科学作为未来职业。相反，她们成为学者、商业领袖和医生，这与许多男同学选择攻读计算机科学并进入科技领域形成了鲜明对比。

她不断思考为什么会存在如此显著的性别差异。在大学期间,她曾面试过两家科技公司的用户研究实习岗位:第一家公司体现了典型的"极客文化",公司的会议室以《星际迷航》电影中的飞船命名。第二家是Adobe(奥多比)公司,公司的设计更加丰富多彩,但风格很中性。尽管奥多比公司的通勤时间更长、薪水也更低,萨普纳还是选择了它。

高中和大学的经历让萨普纳开始思考,在科技领域,究竟是什么吸引着女性,以及让女性放弃了这条路。她的一篇由美国国家科学基金会资助的重要论文指出,以极客和男性为导向的环境可能会让女性对STEM领域的职业失去兴趣。[5]在研究中,她让一群学生进入两间不同的计算机科学教室:一间是有《星际迷航》海报和电子游戏元素的,另一间则是中性风格的。之后她询问他们对于学习计算机科学的兴趣。虽然男生的兴趣没有任何差异,但那些看到极客风格房间的女生更没有兴趣想要学习计算机科学。相较而言,女性更喜欢中性风格的房间。

萨普纳继续研究了对典型极客的刻板印象——不修边幅、脸色苍白、木讷、沉迷科幻小说和电子游戏——是如何阻碍女性进入该领域的,但这种刻板印象对男性离开该领域的影响较小。女性对这些形象的不适做出了回应,她们拒绝将计算机科学作为自己的学习领域。萨普纳向这些学生展示了一篇关于计算机科学家的文章,这篇文章打破了这些负面的刻板印象,这对学生进入该领域的意愿产生了重大影响。[6]

通过回顾自己从高中到大学再到学术界的经历，萨普纳试图理解是什么原因导致了她远离 STEM 领域。她的研究改变了我们谈论 STEM 文化的方式，并影响了数百个校园和公司。虽然她最终也没有进入这一领域，但她为成千上万的女性改变了它，让她们能够以一种新的方式拥有归属感。

没有人能给萨普纳提供一份属于她的职业生涯和研究领域的路线图，她利用自己的经验和技能，打造了属于自己的路线图。有时，你所追寻的道路是尚未被踏足的，它可能需要你开垦新的土地，精心设计出一条前进之路。你将成为先锋，穿越未知和未被勘测的领域。这是属于你的独一无二的旅程。

请记住，你的人生道路并非早已确定，你的命运也不是注定的，而且你总有新的机会朝着自己的目标前进。生活不仅仅是由那些重要的时刻组成，而是一场方寸之战，在这个过程中你每天都会朝着目标迈出一小步。

像邢立美、向珊莹、凯蒂娅、佩吉和萨普纳这样的女性，没有遵循别人绘制的路线图，她们将自己的旅程计划牢牢掌控在自己手中。

在书写人生故事时，你必须自己决定想走哪条路，想体验哪些弯路和险滩。你可能无法沿着一条直线前行，或在公司一路攀升，但是你可以承担风险并规划自己的路线，这意味着你可以按照自己的方式取得成功。

规则 4

终身学习，
终身成长

你如何到达并不重要，重要的是你此刻在那里做什么。

——蔡李成美

在学校里，我们被教导要追求"精通"，即对某个领域的理解能达到可以向他人传授的程度。我们花费多年的时间来努力追求这个目标。我们通过成绩、班级排名、荣誉榜、奖项和标准化考试成绩来衡量自己，所有这些都是为了达到"精通"。我们学习时专注于获得正确答案，最高的考试分数，取得"A"。

然后，我们进入职场，如同离水之鱼。周围的人给我们带来了不同的经验。有些人更具战略性，有些人则是更强悍的执行者，有些人在被提问时能够准确地给出答案——我们却会小心翼翼地措辞，担心自己说错话。当听到有人推销他们的想法和故事时，我们不禁想知道他们从哪里学来的这些技能。这些无形的技能没有人在课堂上教过我们，但它们比实际工作更重要。我们不知道自己能否达到要求。每个人似乎都更聪明、更有见识，而且更适合这份工作。我们环顾四周，想知道自己是否犯了错。

"冒名顶替综合征"就发生在没有相关成绩证明你足够优秀，也没有相关测试来展示你专业知识的情况下。你坐在那里，担心自己被他人错误地接纳，而且总有人会发现你。

当你是"唯一"的人，一个看起来与众不同的人时，这种感觉会更加强烈。你感觉自己被孤立了。你不仅因自己的优点而受到评判，还要承受与众不同的重压。这对你来说是个沉重的负担。

我经常被问到有没有时常感觉自己是个"冒牌货"。

我总是回答:"每一天。"

2020年毕马威会计师事务所对女性高管的一项研究发现,75%的受访者在职业生涯中某个时刻经历过冒名顶替综合征,85%的受访者认为这是职场生活中的正常现象。[1]这些数字说明了这个问题的普遍性:它就像童话故事《皇帝的新衣》中没人愿意大声说出来的秘密——我们经常担心别人会发现我们的无知。但这也说明,如果我们周围的大多数女性都有同样的感觉,那就意味着我们是同一阵线的。实际上,我们比自己想象得更有能力。通过提升我们的适应能力和学习能力,我们可以用无法想象的方式取得成功。

假装下去,直到你变假成真

在我的职业生涯中,我承担过许多角色,即使我没有资格做这些工作。我偶然间进入了科技领域,然而我对此一无所知。2002年,我即将从斯坦福大学商学院(GSB)毕业时,顺路参加了校园招聘会。当时我看到了一个叫贝宝的小公司的展台,作为一名狂热的易贝卖家(当时贝宝是易贝的一部分),我特地走过去告诉他们我有多喜欢他们的产品。贝宝的第一位招聘专员蒂姆·温策尔和最近毕业于斯坦福大学商学院的校友凯瑟琳·胡正在展台上服务。聊了几分钟后,他们邀请我第二天去他们的办公室面试。虽然我原本计划要搬回北卡罗来纳州,但出于好奇,我接受了这个邀约。蒂姆问我:"我们在产品和营销上都有空缺,你更喜欢哪一个?"

我曾经上过一些市场营销课程,但我不知道产品经理具体是做什么的。于是我向凯瑟琳问道:"你的工作是做什么的?"

她回答说:"我是做产品的。"

我说:"听起来不错。"

这个一时冲动的决定带来了长远的改变。

事实是,我压根不知道在"产品"领域工作意味着什么。由于我并没有打算接受这份工作,于是我决定随机应变地参加面试,而且希望没人注意到,这样我就可以告诉我在北卡罗来纳州的朋友们,自己曾经与一家硅谷热门初创公司有过一面之缘。

两天内,我遇到了几组人,他们问我作为易贝卖家想要什么。我热情地分享了我的想法,同时也试图让他们告诉我这个岗位是做什么的。面试结束后,我和丈夫认真地坐下来讨论是否要在经济萧条时搬回南方。经过商量,我们决定留下来待上一两年,度过这场经济衰退,同时我接受了贝宝的工作。

当我第一天来到贝宝公司时,我就知道事情不妙了。我找到跨级经理、产品管理副总裁埃米·克莱门特。我告诉她,虽然我不知道这个岗位的具体内容,但我会尽力学习。她亲切地坐下来,耐心地解释了这个岗位的每一个要素。她没有把我当成"冒牌货",她看到了我的不安,并且拥抱了我,之后也教会了我如何去完成这项工作。在这个关键时期,她的支持给了我学习技能的信心。

不到两周，贝宝宣布被易贝收购，埃米委托我领导来自贝宝方面的产品整合工作。不久后，我的经理离职了，埃米面试了几位高级候选人，但最终决定给我一个机会来管理我们最大的业务线——易贝的产品和团队。她出于信任，让年仅26岁的我负责毫无经验的项目，她给了我一个机会。每天我都觉得自己是个"冒牌货"，想知道她什么时候会发现自己犯了一个严重的错误，然后用合适的人来替换掉我。所以，我只能做自己唯一擅长的事情——卷起袖子，开始招聘和培养团队成员。我知道自己不是经验最丰富的，但我可以努力工作、快速学习，来弥补我的不足。

多年后，我和一群贝宝的高级产品负责人一起出去吃午饭，我们开玩笑说，当初我们加入公司时都是那么的稚嫩，如果放在今天，我们甚至不具备自己团队的面试资格。这次经历教会了我一个重要的道理——学习的态度胜过专业知识。

学会不断学习

我学到的最重要的技能就是如何持续学习。有很多次，当我请人来管理一个团队时，他们都回答说自己做不到。当我问及原因时，他们会说："如果我在这项工作上不比别人更优秀，又怎么能教他们呢？"但想想那些首席执行官，有多少人比他们的首席财务官更擅长财务，或者比他们的总法律顾问更了解法律呢？

在我从事应用广告工作期间，我的经理道格·珀迪对我说："要成为一位成功的平台团队产品经理，你需要懂得编写代码，这是与开发人员产生共鸣的唯一途径。"

可我大学毕业后就没有写过代码了，而且我的专业也不是计算机，所以我回答说："那我可能会成为你们团队中最差的产品经理。"几年后，当道格离开团队时，尽管我缺乏编码技能，他仍然推荐我作为他的继任者。最终，我接管了整个产品团队，并在一年后接手了他的经理职位，负责管理我们的团队和工程部门。

我曾领导过平台团队。在我的内心深处，我一直在想自己是否真的有资格担任这份工作。但是不懂编写代码让我感到自由，因为我没有关于开发人员想要或需要什么的先入之见，这也教会了我要保持好奇心并倾听他们的需求。事实证明，稳定性和可预测性比新功能和振奋人心的发布更重要，因此我们接下来花了几年时间确保满足这些需求。在数年间，我们将开发人员对我们平台的评分（即净推荐值）从负数提高到正数。

我所带来的不是专业知识，而是新鲜的眼光和重新审视问题的意愿。比相信自己的判断更重要的是倾听、学习和反复推敲。我通过提问寻找答案，而非仅凭借个人经验，这意味着我的领导力也有所不同。

对机遇持开放态度

我曾在许多我不了解的行业中工作过。我明白，这些机会可能会让我不知所措，但这也可能是一个让我以不同方式看待问题的机会。我在脸书的职业生涯就是一个例子——我是一个偶尔使用脸书的用户，除了向朋友发布帖子之外，对它并不了解。随着读到有关脸书潜力的文章越来越多，我变得愈发兴奋。2009年，我面试了一个名为"用户货币化产品营销"的职位，并且加入了脸书，但当时我并不清楚这个职位具体包括哪些工作内容。在脸书的冒险之旅中，你可以根据你选择把时间花在什么上来定义自己的工作，正是这种灵活性和自我组织能力，使我们能够快速发展并形成影响力。我曾经负责过脸书礼品店、游戏和最初的市场推广工作，最终推出了"脸谱币"（Facebook Credits）。

休完产假回来后，公司让我负责移动端的盈利。我的背景是商业和支付领域，以前从未涉足过移动或广告领域。最终，我在与"游戏与脸谱币"工作时认识的游戏开发者交谈后，我们决定建立移动应用广告，这是一个我们一无所知的行业。

我们通过反复试验和客户反馈，花了几个月的时间来推敲这个想法。直到其中一位游戏开发者兼广告合作伙伴给我打电话说："哇，这款产品真不错啊！你们为我们带来了真正的客户。"我才意识到，我们在这个领域还有很多需要学习的地方。

我笑着说："还有其他种类的客户吗？"之后我立即打电话给一位曾在这个行业工作的朋友，询问那位合作伙伴指的是什么。他解释了排名榜、机器人农场以及亚洲学生被付费下载和安装应用程序等内容。不必担心行业其他公司的动态，让我们的手机应用广告团队得以自由发挥，专注于构建一个应用程序发现平台和以客户为中心的应用广告模式。

今天，这项业务已为脸书公司创造了数十亿美元的收入，并继续在该领域处于领先地位，而这一切都是因为我们只专注于可能性，不去理会当时的行业是如何运作的。

初学者心态

你不必成为专家，而是专注于学习，这样才能获得自由。我们打造出色的产品通常与经验无关，它更多地涉及测试、学习和转变的能力。拥有初学者的心态可以让你以新的方式探索问题，并避免被固定思维所束缚。

创意作家和演讲家汤姆·武耶茨曾向不同的群体提出了棉花糖挑战，包括幼儿园小朋友、工商管理硕士生，以及企业高管。他分给由四人组成的几个小组一颗棉花糖、一些绳子、胶带和20根生的意大利面条，目标是在18分钟的时间限制内建造一个自我维持的结构，使棉花糖尽可能高地停留。[2] 出人意料的是，幼儿园小朋友在这项活动中表现得最好。

为什么孩子们的表现会胜过受过更好教育、更成熟的竞争对手呢？答案很简单：孩子们没有关于解决方案长什么样的先入之见。相反，他们会进行测试和反复尝试，塔楼倒塌时，他们哈哈大笑，直到找到可行的方法。而那些认为自己是专家的成年人会误以为自己已经知晓了答案，因此不太可能保持开放的心态去尝试新方法。

我时常想，是否有人会发现我其实并不知道自己在做什么。但很久以前，我就决定不让这种感觉左右我的行动，因为那样是适得其反的。相反地，我选择将自己的心态从"冒名顶替者"转变成"探险家"，因为这是我真正可以成为专家的领域。

我经历过很多次失败。并且懂得成功意味着从失败中学习。每一次失败都不是绊脚石；相反，它可以成为你用来实现目标的原材料。

在失利中学习

我曾在一年内两次错失梦寐以求的脸书工作。每次，我都想转岗并接受公司内部开放的新机会，但每一次都被告知不行。我非常渴望这些职位，并积极加入竞争。但是，当时公司需要的岗位要求与我能够提供的不同。每一次被拒都让我心痛不已，但在接下来的几个月里，每一次被拒后，我总能把工作做到最好。

我知道，在失去想要的东西时，我会有两种反应——后悔或创作。既然那些特定的机会不太可能再次出现，我决定将自己手头的工作塑造成我想要的。我更加冒险，更加大胆地设计未来。由于孤注一掷，我能够更加果断和坚定地处理问题，这也催生了我未来工作中最重要的两个产品——脸书市场和脸书支付。

在失利中走出来，找到前进的道路，这就是当环境夺走你的力量时，你重获权力的关键。

蔡李成美深知在失去中掌握主动权的含义。如今，她是500 Global 公司的首席执行官和创始合伙人，这是一家专注于投资来自世界各地的创始人，帮助他们扩大公司规模的早期风险投资公司。蔡李成美的旅程始于她职业生涯中最困难的时期。

2010 年，蔡李成美在谷歌工作了 7 年之后，想要进入风险投资领域，而该领域女性投资人的比例不到 5%。[3] 她与戴夫·麦克卢尔取得联系，决定离开安稳的谷歌，共同创立 500 Global（前身是 500 Startups）。蔡李成美与公司富有魅力的首席执行官和对外形象代表戴夫共事了 7 年。她是他的合作伙伴，是背后安静、可靠的支撑。他们的资金专注于孵化下一代科技公司，包括 Twilio（拓力）、The RealReal（真真网）、Talkdesk（拓德）、Canva（可画）和 Credit Karma（信用卡玛），使这些公司闻名国际。

我曾在贝宝与戴夫·麦克卢尔共事，我和丈夫也投资了一些 500 Global 基金。我饶有兴趣地关注着戴夫和蔡李成美建立起一家强大的投资公司。然后，在 2017 年，该公司面临信任危机，因为戴夫在《纽约时报》发表的一篇文章中被指控有性骚扰行为。[4] 戴夫随后写了一封解释自己行为的道歉信，但后来又将其删除了。在那之后，他突然把 500 Global 的控制权交给了蔡李成美，让她成为新任首席执行官。

在首席执行官和联合创始人戴夫公开离职后，领导像 500 Global 这样的公司让蔡李成美承担了一个她没有预料过的角色。当时正值美国反性骚扰运动（MeToo）席卷硅谷之际。多年后，蔡李成美回忆道："突然被推到领导岗位上，让我感到更不舒服的是权力，因为我觉得自己不配拥有它。"

在媒体的强烈关注下，她必须带领公司前进。"那是我人生中最困难的时期，即使到了今天，谈论起来我仍然很痛苦。但在当时，我从未有过一走了之的想法。"有关戴夫离职和辞职的疑问和谣言四处蔓延。蔡李成美没有被这一切击垮，而是从她自己对所领导的团队、投资者和公司创始人的忠诚中获得了力量。她在逆境中学会了领导团队,并成长为自己期待的模样。

蔡李成美在接任后没有想到的是,她在担任该职位时所感受到的创伤。"虽然这些伤疤仍在,但我正在学会将它们视为我今天的一部分。"她说道。

尽管蔡李成美觉得自己是个"冒牌货",但她战胜了这种感觉,并成为公司需要开启下一篇章的领导者。她继续发挥作用,将 500 Global 公司的承诺资本从 3.9 亿美元增加到 7.8 亿美元以上(管理资产超过 18 亿美元),推出了 7 只新基金,招募了新的经验丰富的高管和管理合伙人,带领全球投资组合增长至 41 家独角兽公司,并且这个数字还在不断增加。自从执掌公司以来,蔡李成美已经学会了在男性主导的领域中根据自己特定的优势来领导公司。

蔡李成美展示了从失利和逆境中成长的意义,学会了走自己的路。她被推到聚光灯下,面对可能会压垮她的所有问题和审查。她并非无视这些经历,而正是因为经历过这些,她变得更加坚强和勇敢。

从无到有的重建

长子乔纳森出生后,当我产假结束回到工作岗位时,失去了方向感,不确定自己是否还想从事科技行业。我的职业生涯没有任何进展,在当时贝宝缺乏成长机会的情况下,我倍感挫败。当我生完第二个孩子贝萨妮回来上班时,情况也是如此。我回到易

规则 4　终身学习，终身成长

贝，面对的是把更多时间投入在易贝和贝宝之间的整合上，而这是我已经做了 7 年的工作。

后来，在脸书，在我生下第三个孩子丹妮尔后，我在一位新上任的经理的手下工作，没有真正的职位。这些是我职业生涯中最令人沮丧的时刻，但它们也是最重要的转折点。乔纳森出生后，我辞去了在贝宝领导易贝产品的工作，成为产品战略团队的一员，开始创建社会化商务和慈善垂直领域。随后我加入了易贝，在贝萨妮出生后离开易贝加入脸书。在丹妮尔出生后，我离开了支付组，并被要求从事移动端盈利项目，这也催生了 Neko 项目，即移动应用安装广告。

每次离开工作岗位去生孩子，我都需要从头开始。失落和重新开始的感觉几乎让我崩溃。每次我都觉得自己的事业失败了，但回过头看，我知道那种没有什么可失去的感觉给了我继续前行、尝试新事物的动力。

从零开始也意味着没有什么可失去的，唯有一切的可能性可以获得。与其被你的环境或承诺所限制，不如抓住机会重新开始，并按照自己的方式规划职业生涯。这就是惠特尼·沃尔夫·赫德的故事核心，她是世界上最知名的创业者之一。

惠特尼·沃尔夫·赫德是一位敢为人先的女性。2014 年，她创建了面向女性的约会应用程序——Bumble。2021 年，31 岁的她成为领导公司上市的最年轻的女性，并因此成为最年轻的白手起家的女亿万富翁。[6]但她在在线约会领域取得创业成功的旅程开始于另一个应用程序 Tinder（手机交友软件），这个应用程序也是她参与共同创立的。惠特尼通过走进大学校园与男女生互动,来吸引早期用户,推广这个新兴应用程序,使得这款应用程序迅速走红。但在 2014 年,她被剥夺了联合创始人的头衔,并最终被逐出 Tinder 公司。她随后起诉了该公司的不当行为。赢了这场官司后,她被恢复了联合创始人的头衔,并获得了 100 万美元的赔偿金。不久后,另一位联合创始人离开了公司。[7]

由于不确定下一步该做什么,惠特尼把注意力集中到她的新想法上,即建立一个女性可以用来相互联系的社交网络。社交约会应用程序 Badoo 的首席执行官兼创始人安德烈·安德烈夫联系上她,邀请她重新考虑约会领域,并提供支持,帮助她成立一家新公司。惠特尼决定重新回到曾经想要离开的领域,但这次是按照她自己的方式。她围绕着"只有女性可以先行迈出第一步"的概念提出了创立 Bumble 的想法。利用这一产品,她解决了在线约会中男性面临的拒绝和女性遭受的骚扰信息等问题。大多数约会应用程序要求男性主动接触女性,但只能获得很低的回应率,而很多女性还会收到一连串信息,包括骚扰信息。惠特尼通过颠覆这一机制,创造了一个通过口碑传播的应用程序。大量女性用户被这个应用程序所吸引,从而带来了男性用户,建立了一个不同类型的约会社区。现在全球已有超过 1 亿的活跃用户。[8]

随着 Bumble 在 2017 年获得广泛关注,孵化并拥有 Tinder 的 Match 集团注意到了这个应用程序。他们向惠特尼提供了 4.5 亿美元的收购价格,几个月后又将价格提高到 10 亿美元。[9]但惠特尼立场坚定,专注于发展自己的公司。当 Match 起诉 Bumble

侵犯其专利并抄袭 Tinder 的外观时，Bumble 在同年晚些时候又反诉 Match，她指责 Match 集团企图贬低 Bumble 的价值。尽管两家公司之间的唇枪舌剑持续不断，惠特尼依然专注于建设该应用程序并提高其参与度，现在 Bumble 隶属于安德烈的母公司 MagicLab，惠特尼是该公司的首席执行官。

2019 年，安德烈被公开指控在公司内制造针对女性的敌对工作环境。[10] 一家英国律师事务所调查此事并免除了他大部分的指控，但建议他改变工作环境。几天后，黑石集团买下了安德烈的全部股份，任命惠特尼为 MagicLab 的首席执行官，她将公司更名为 Bumble Inc.，并于次年上市。

惠特尼共同创立了世界上最受欢迎的两个在线约会社区，她是通过适应、改变和专注于自己的方式来实现这一点的。她没有让旧事物保持原样，而是通过意志力和独创性找到了变轨的方法。从走访大学校园让 Tinder 在有影响力的人群中走红，到通过允许女性率先采取行动来改变在线约会模式，她在缺乏技术背景或经验的情况下打造了具有世界影响力的产品。在整个过程中，她相信自己有能力解决约会领域中的实际问题。她相信自己的直觉会指引她走向今天的位置。

学会克服障碍

在你的人生故事中，会有一条弧线，直到很久以后你才能看清它。乘坐纽约地铁，在 F 号线上从曼哈顿的洛克菲勒中心到皇后区只需要很短的时间。当你在列车上没有意识到的是，它向右转了整整 90 度才把你送到目的地。地铁车厢在移动，但你不知道何时转弯穿过东哈德逊河，因为你只看到你在火车上时相对位置的前进。在你的人生中，随着个人和职业生活环境的变化，你会面临重大转折。你在这些变化中适应和成长的能力将决定你最终的目的地。

莉诺·布卢姆是数学和计算机科学领域的先驱，也是一位活动家。她成长于一个女性因社会结构而屡遭失利的年代。1942年二战期间出生于纽约的莉诺，早早地展现了自己的数学天赋。16 岁时，她进入匹兹堡的卡内基梅隆大学学习建筑学，但她并不喜欢这个专业。18 岁结婚后，莉诺转学到西蒙斯学院，在那里她遇到了马里昂·沃尔特博士。沃尔特博士建议莉诺就读麻省理工学院，并为她争取到了在该校著名数学家伊萨多·辛格博士门下学习的资格。辛格博士的课程激发了她申请麻省理工数学博士的想法。但当她去麻省理工数学系会见一位教授时，对方给了她一份名单，并说："如果我有一个要读研究生的女儿，这些地方是我会让她去的，麻省理工不适合女性。"

一周后，在一次教职员工大会上，这位教授分享了一件轶事，他说一位女士竟然胆敢申请博士项目。辛格博士问这位教授是谁。当他听到莉诺的名字时，辛格回答道："她是我班上最好的学生。"于是，莉诺第二天就被录取了。

当时，拥有麻省理工博士学位和博士后职位的莉诺可以去任何地方就职。她和丈夫决定去加州大学伯克利分校，但她在那里遇到了令人震惊的事情——她得知伯克利数学系已经 20 多年没有雇用过女性教授了。

在导师和老师的培养下,莉诺作为一名数学天才成长起来,但她却遇到了一个又一个障碍。她不明白,为什么自己在拥有与男性同行相同资质的情况下还会如此艰难。耶鲁大学为她提供了一个助理教授职位,但由于丈夫是伯克利电子工程及计算机科学系的终身教授,而且他们有一个两岁的儿子,所以莉诺拒绝了这一职位并留在了伯克利。她在伯克利又教了两年书,但第三年,学校没有和她续约。

之后,莉诺在附近的女子学院米尔斯安顿下来,并创建了该校的数学/计算机科学系。然而,米尔斯学院院长不满于莉诺将学院变成一个技术中心,因此解雇了她。她向导师求助后,斯坦福大学校长和几位斯坦福教职成员的董事会代表很快便出面替她说话。于是,米尔斯学院不仅撤销了对她的解雇,还专门设立了一个特聘教授职位以留住她。

在这期间,莉诺意识到,很多女孩在高中时没有掌握足够的数学知识以便进入大学的 STEM 领域。因此,在 1974 年,她与劳伦斯科学馆的南希·克雷恩伯格和丽塔·莱文森一起,共同创建了"拓展你的视野网络"(Expanding Your Horizons Network,EYHN)组织。这个新组织获得了纽约卡内基基金会的拨款。"拓展你的视野网络"创建了一个全国性的女性网络,为中学女生举办会议,鼓励她们参加科学和数学课程。在该组织的 40 年历史中,有超过 100 万的女孩(特别是那些出身较差的女孩)参加了她们的会议,并了解到如何将 STEM 作为职业选择。许多进入该领域的女性谈到，正是由于"拓展你的视野网络"组织的工作，她们才发现了 STEM。

我是在"拓展你的视野网络"成立 40 周年庆典上遇到了莉诺·布卢姆。我在该组织的非营利组织董事会任职数年。她和其他创始人分享了创建"拓展你的视野网络"的原因，并讨论了她们热衷于将更多女性带入她们曾是先驱的领域。莉诺说："40 年前我们创立这个组织时，从未想过解决这些问题需要如此长的时间。我们中的许多人即将退休，而这些问题仍然存在。经过这么长时间后，我们仍有很多工作要做。"

她的话一直萦绕在我心头。这些女性为了进入顶尖 STEM 项目而面临歧视，然后又不得不在以男性为主导的环境中为工作而奋斗。但是，她们对下一代充满了希望，并在整个职业生涯中致力于实现平等。

她们没有陷入困境，而是创建了网络来改变这个系统。莉诺最初并不是一名活动家，但当她看到周围的不平等时，她毅然走上了这条路。她找到志同道合的女性，共同创立了组织，包括数学界女性协会和"拓展你的视野网络"。当她和丈夫回到卡内基梅隆大学计算机科学系时，她的儿子已经是该系的终身教授，她创建了 Women@SCS 来帮助平衡计算机科学学院中的男女比例。尽管大多数计算机科学系的女性比例不到 20%，但她的工作使卡内基梅隆大学成为最早实现性别平等的少数几所学校之一。这些网络即使在莉诺离开后，依然继续帮助女性在 STEM 领域找到自己的位置。

每当莉诺遇到障碍时,她都通过学习新的解决问题的方法来克服这些挑战。她寻求盟友并建立网络,然后利用它们来帮助他人。她的毅力和坚韧通过"拓展你的视野网络"影响了超过100万女孩的生活,而她在卡内基梅隆大学的工作表明,计算机科学领域可以并将实现性别平等。如今,即使已经退休,年逾古稀的莉诺仍在不断学习和探索。她和丈夫正在开拓一个新的领域,创造一种有意识的图灵机器,并试图用数学来模拟人工智能中的意识。

突破

2021年,高管招聘公司史宾沙(Spencer Stuart)的一项研究表明,首次担任首席执行官的人表现得比那些领导第二家公司的人更出色。[11]当我在考虑是否接受成为宗谱(Ancestry)首席执行官的邀请时,我读到了这份报告。这一发现看起来与我在研究这些职位时从高管招聘者那里听到的一切都相违背。猎头公司一再告诉我有很好的机会,但警告说大多数董事会可能会想要找一个之前曾担任过高层职位的人,而我并不符合这一条件。

这项研究指出了类似于棉花糖和意大利面条塔测试的东西。它表明那些具有初学者心态的人适应性更强,更愿意追求超越成本削减和效率提高的想法。他们像幼儿园孩子一样是探索者,而非工商管理专家,但董事会仍然更喜欢那些经验丰富的人。这个想法在我脑海中挥之不去。

当我在2020年被邀请面试一家上市公司的首席执行官职位

时，距离疫情的封锁只有几天时间。我觉得自己没有资格参与竞争，所以犹豫不决。著名的硅谷董事会和首席执行官招聘人员吉姆·西特林邀请我共进晚餐讨论这件事情。在我们探讨这个机会时，我问他："为什么是我？"

他的回答是："为什么不是你？"

我不知道该如何回答。这位备受尊敬的硅谷领袖告诉我，我原本认为不可能实现的事情其实可以达成。吉姆接着说："每一位首席执行官都曾有过第一次担任首席执行官职务的经历。这是你的机会。"

我停顿了一下，思考了他的话，并决定申请这一职位。通过这个艰苦的过程，我学到了很多东西，比如董事会想要什么、如何明确我的想法，以及如何说服一群人，让我这样一个看起来与典型美国首席执行官截然不同的人能够领导一家公司。

虽然我最终没有成功当选，但吉姆的鼓励让我意识到我已经陷入了"自认为不够好、没有资格"的思维定式中。当宗谱的首席执行官职位摆在面前时，我已经学会了必要的技能来获得这份工作。

总会有比你更有经验、更聪明或者更合格的人。没有人能一直处于巅峰，因为世界总是瞬息万变。最好的技能是掌握如何学习的能力。

蔡李成美在美国反性骚扰运动的影响下学会了如何成为一名首席执行官；惠特尼失去了一切，但通过自己的方式建立起了自己的职业和公司，她重新获得了一切；莉诺遇到了一个又一个障碍，促使她创建了一个影响100多万女孩人生的组织。她们都对自己所处的环境做出了回应，没有将困难视为障碍，而是当作挑战。这些挑战最终决定了她们的职业生涯。

无论大小，你都将面临困难。你会跌倒、会失败，但你在那些时刻学到的东西将最终决定你前进的道路。当时的你并不会意识到这一点，正如你不会感觉到地铁何时驶离曼哈顿并穿过东哈德逊河。但当你出现在另一边时，你将出现在一个不同的地方，而那是怎样一个地方则取决于你。

规则 5

学会共情与宽恕

你无法选择发生在你身上的事情,但是你可以选择如何受其影响。

——诺娜·琼斯

2015年6月17日，波莉·谢泼德参加了位于伊曼纽尔非裔卫理公会（AME）教堂的圣经学习活动。当晚，自称白人至上主义者的迪兰·鲁夫来到教堂，在与波莉等人一起进行了一小时的学习后，他在祈祷时间拔出了枪。他一共打中了12人，其中9人丧生，包括伊曼纽尔教会牧师和州参议员克莱门塔·平克尼。波莉目睹了朋友在自己面前被枪杀。当迪兰走到她面前时，她记得他说："我不会对你开枪，我要留下你来讲述这个故事。"[1]

当天，迪兰·鲁夫想要发动一场种族战争，他选择了被称为"伊曼纽尔母亲"的伊曼纽尔教堂——这是南方最古老的伊曼纽尔教堂，作为点燃战火的引线。但他所遭遇的却是截然不同的事情。尽管他的意图是恐吓和摧毁，但受害者的亲友们在几天后的法庭上一个接一个地站起来说，他们原谅了他。他们释怀了罪犯对他们社区所造成的毒害，将愤怒转化为宽恕。他们的宽容之举成为新闻焦点，淹没了鲁夫的仇恨言论。[2]

我是在《伊曼纽尔》（一部关于那场枪击事件的电影）的私人放映会上遇见波莉的。我坐在她旁边，我们并排观看电影时，即使那一天发生的可怕事件在屏幕上不断展现，我依然感受到了她的平静。波莉愿意一遍又一遍地重温她生命中最糟糕的一天，并且仍然大声说出爱如何战胜仇恨，需要一种我几乎无法想象的勇气。

2015年6月17日，也是波莉找到自己声音的日子。这并不是一个容易的过程。愤怒和沮丧曾经吞噬了她。起初，她不确定自己是否准备好原谅鲁夫的行为，但她最终在宽恕中找到了内在的力量。这让她在接下来的5年里分享了自己的故事。在枪击案发生一年后的民主党代表大会上，她说："为了疗愈，我们必须宽恕。这就是我在过去一年中所学到的。查尔斯顿的枪手心中充满仇恨，奥兰多和达拉斯也是如此——太多仇恨了！但正如圣经所说，爱永不止息。因此，我选择爱。"[3]

波莉通过宽恕重新获得了自己的力量。她无法改变已经发生的事情，但她可以不受它的影响，并从中获益。她说："通过夺回我的权力，我意识到我不是一个受害者，而是胜利者。以前我有信仰，但现在我获得了更坚定的信仰和更多的力量。"

波莉知道自己无法改变过去，于是决定改变未来。她通过将最糟糕的时刻转化为自己余生与世界分享的东西，她从黑暗中带来了光明。她的言辞和证词帮助治愈了一个因枪支暴力和种族关系紧张而苦苦挣扎的国家。如今已经年逾古稀的她，仍在继续着这一旅程，帮助筹集资金，资助那些希望进入护理行业的年轻人，特别是在监狱系统服务的人，她在那里度过了她的职业生涯。

宽恕即自由

我们大多数人永远不会面对目睹朋友死去的残酷现实，也不必决定如何原谅那些看似无法宽恕的事情。但是，对我们当中的许多人来说，在每个人的心中都有某个人或某件事阻碍了我们前进，并且这些创伤仍在继续发酵。

作为脸书社区中最资深的基督徒，我受邀在《伊曼纽尔》电影放映会上发表开场演讲，当时距枪击事件发生已近四年。起初我考虑拒绝。组织者不知道的是，我在查尔斯顿郊外的一个小镇长大，距离枪击事件发生地不到20英里（1英里约1.6千米），而我已经20年没有回去过了。

我在童年时期受到的言语虐待和威胁给我留下了深刻的创伤，而我从未让自己去面对这些创伤。我未能完全忍受成长过程中那种程度的虐待，所以通过逃避来应对。但它仍然困扰着我。站在舞台上，谈论那些失去所爱之人的家庭表现出来的终极宽恕，感觉有些矛盾，因为我自己从未能够克服童年时期的创伤。这种不一致迫使我认真审视自己还怀有多少愤怒。坐在波莉身边，在观影过程中拥抱她，看着她向世人讲述她的故事，这些都教会了我什么是真正的慈悲。如果她能带着尊严和宽恕回首过去，那么我也能做到这一点。

宽恕创造了自己的力量，抚平了旧伤的痛苦。它使我们能够摆脱过去对我们的束缚。但这并不容易。我希望我能够说，那一刻的决定改变了一切，但我还没有明白宽恕既是一种选择，也是一个过程。正如任何其他形式的疗愈一样，它需要时间。宣泄是渐进的，它让我们学会放下痛苦，它教会了我们有耐心。

想象一下，被冤枉的痛苦就像蛇牙一样深深地嵌入你的皮肤。只要它还在那里，蛇毒就会继续感染你，令伤口无法愈合。你的痛苦不断加剧，怨恨也随之而来。若拔出这颗"蛇牙"（即选择宽恕）可能会带来巨大的痛苦，但会为你的心理健康带来不言而喻的益处。它不仅会给你治愈和康复的机会，还能阻止毒素继续渗入你的身体。你的伤口不会再溃烂，而是慢慢愈合，因为你的身体会过滤掉剩余的怨恨、愤怒和痛苦。因为拔除毒牙是重新变得完整的第一步。

尽管宽恕是一股强大的力量，但在美国社会中，它有时被视为一种软弱，好像宽恕了某人，我们就等于放任了对方的过错。我们没有意识到的是，宽恕是给予宽恕者自己的礼物，而不是给予被宽恕者的。它不仅能让我们的心理受益，而且还能带给对方身体和情感上的回报。

路德学院心理学教授洛伦·图森特博士对宽恕进行了20多年的研究。研究表明，那些较为懂得宽恕的人明显受益良多，尤其是在心理健康方面。在一项研究中，他的团队证明，在承受高压生活的人群中，那些表现出高度宽恕心态的人的心理健康结果更良好。[4]简而言之，宽恕可以保护我们的心灵免受压力带来的负面影响。图森特接下来的研究表明，工作场所中的宽恕与生产率提高25%有关。这意味着，在一个人们对彼此更宽容的工作场所也会产生更好的结果，无论是对于宽恕者还是他们的公司而言都是如此。[5]

我们并非要求每个人都需要像波莉那样做出宽恕的伟大姿态，也并非总是需要这种伟大姿态。自由就像拔掉蛇的毒牙，能阻止怨恨和痛苦偷走你内心的平静。只有这样，我们才能抚平伤痛，找到通向内心安宁的道路。

宽恕自己是这个过程的一部分

罗威娜（Rowena Chia）在职场上奋斗了 20 年，并打造起了一份令人印象深刻的简历。她的成就是大多数年轻女性所梦寐以求的——她毕业于牛津大学，随后又获得了伦敦大学和伦敦商学院的硕士学位。她曾在世界各地生活，并曾就职于多家知名机构，包括麦肯锡公司、普华永道和世界银行。如今，她与同样成功的丈夫以及 4 个孩子一起生活在硅谷的中心地带。

尽管罗威娜取得了很多显著的成绩，但她对周围的每个人都保守着一个秘密。刚从大学毕业时，她接受了一个梦寐以求的职位，担任媒体大亨和米拉麦克斯电影公司联合创始人哈维·韦恩斯坦的助理。这是一次她梦寐以求的踏入娱乐行业的机会。韦恩斯坦在与罗威娜合作期间，调戏她、诱骗她，最终在威尼斯电影节上将她逼入酒店房间，企图强奸她。罗威娜成功逃脱并上报了这起侵犯事件，但无论是米拉麦克斯高管还是当局，都没有采取行动。她面对的是由韦恩斯坦律师组成的团队，被胁迫达成了和解协议和保密协议。于是，她开始对此保持缄默。

正如罗威娜在分享自己故事的《纽约时报》文章中所写："我花了数十年的时间与负罪感做斗争，因为我接受了这份工作，因为我没有早点儿离开那个房间，因为在某种程度上是我的错，因为我没有足够'强硬有力'地对待哈维，因为我不够坚强而无

法在电影行业工作。"⁶

哈维·韦恩斯坦及其周围的人夺走的不仅仅是罗威娜的权力，也夺走了她的声音和真相。保密协议不仅阻止她公开发言，还意味着她无法毫无顾忌地将此事告诉治疗师、医生、牧师，甚至配偶。20年来，她始终保持沉默，害怕违反协议。她由于找不到工作，最终又回到了米拉麦克斯的地盘，这一次是在香港。长期的沉默和孤立无缘让她受尽折磨。经历了两次自杀未遂后，罗威娜放下一切，在伦敦重新开始，并选择了一个她认为更安全的工作环境。

当记者约迪·坎托尔、梅根·图伊和罗南·法罗最初联系罗威娜时，她拒绝公开自己的故事。后来，在2019年初，情况发生了变化。她加入了一个由女性组成的团体，她们都是美国反性骚扰运动的一分子。罗威娜在格温妮斯·帕特洛家里见到了克里斯蒂娜·布拉西·福特博士，后者曾在时任最高法院提名人布雷特·卡瓦诺的确认听证会上出席作证。福特博士的故事激励了罗威娜克服恐惧，并勇敢说出自己的经历。几个月后，罗威娜受邀在英国下议院的妇女与平等委员会上发表讲话。

在那里，罗威娜意识到，通过讲述自己的故事，她可以从哈维·韦恩斯坦及其帮凶手中夺回自己的权力。这促使她改变了主意，同意将她的故事写进坎托尔和图伊关于哈维·韦恩斯坦的书——《她说》（She Said）中。罗威娜知道这意味着她必须在9月份书籍出版之前把这段经历告诉朋友和家人。2019年10月5日，罗威娜掌握了话语权，并在《纽约时报》上发表社论，讲述了自己的经历。从那一天起,她不再沉默,而是与全世界分享自己的故事。

这造成的影响是立竿见影的。许多女性,特别是像罗威娜这样的亚裔美国女性,纷纷联系她并分享自己遭受侵犯的故事,以及随之而来的耻辱。罗威娜发表的言论使她能够掌控自己的故事,并帮助其他人克服作为性侵犯受害者的负罪感。

当被问及面对类似情况的女性如何夺回自己的权力时,罗威娜说:"沉默从来不会让任何人受益,除了你的施害者。这种沉默反而可能会毁掉你。你的故事很重要,你的声音很重要,你的生命也很重要。说出来可能会改变一切——对于你,对于他人,对于我们的社会。美国反性骚扰运动关乎女性赋权、发声和夺回自己的权力。这意味着我们的故事,我们的意义和生活,不再被隐藏。"

罗威娜的旅程不仅关乎原谅哈维·韦恩斯坦及其帮凶,还包括学会原谅自己。多年来,她一直在想是否有更多事情可以做。她签署的协议让她陷入了羞耻和压力之中。在长期的沉默中,"如果……"的念头萦绕在她脑海中。她想,如果能找到倾听自己的人就好了;如果当初在谈判时更加坚决地争取公正,情况也许会有所不同;如果能在20年前阻止他,那该有多好。但最终,罗威娜意识到她生活在错误的经验框架中。通过承担随后发生的事情的责任,她无意中为超出自己控制范围内的事情感到内疚,给自己带来了更多痛苦。

宽恕自己往往是最艰难的一种宽恕。许多人,尤其是女性,总会反复思考过去发生的错误。我们希望能够改写历史，做得更好。但与其说"我不原谅自己"，还不如用一个看似无害的词——后悔，来描述过去的痛苦。后悔是一种慢性毒药，由反复思考"如果当时……"而构成。起初，对某个决定或事件进行反思似乎是无害的，但随着时间的推移，这种反省会入侵我们的生活。

当我们感到后悔时，我们希望有另一种结果，希望从悲剧发生的那一刻起展开另一条时间线。这是对第二次机会的幻想。在1998年的电影《滑动门》中，由格温妮丝·帕特洛扮演的年轻女子错过了火车，而故事就从那里开始讲述。但随后电影倒带，改变了结局，让她赶上了那趟火车。接着，第二个故事在分屏中展开，呈现她现实生活的两个平行版本。最终，她到达了同一个地方，但其中一条时间线以悲剧结尾并被终止。这是对"如果当时我……"诱惑力的阐述，它让我们能够想象现实的新版本，幻想着如果过去的事件发生了不同的结果，我们的生活会是什么样子。

第3章中被迫创造自己道路的优等生珊莹就深刻地感受到了这种遗憾。她在大三时失去了杜克大学的奖学金，没能进入医学院就读，这些事情困扰了她多年。即使在接下来的20年里取得了很多成就，她仍会觉得自己是个冒牌货。她把自己看作失败者，但随着岁月的流逝，她意识到遗憾在很大程度上是无益且会导致自我毁灭的。她是这样接受自己的遗憾的："我认为，如果我们珍爱当下生活中的美好，就不会对之前发生过的事情感到后悔。欢乐和悲伤都是带领我们走到今天的一部分。现在我有很多喜爱的美好事物，我不会为了改变过去而放弃它们。"她意识到，如果在当初的那个"两种可能"的时刻做出不同的选择，她就不会成为今天这样成功的人。如今，她指导着首席执行官、著名运动员和军事将领。

当我们容许后悔涌入心头时，我们是在用改变过去的想法折磨自己。这样我们就忘记了，回首往事意味着无法展望未来。后悔推动我们想要重新开始、重温关键时刻，因为我们还没有接受现实。我们为事情的结果而自责。这正是自我宽恕如此重要的原因。与其回顾那些我们希望可以改变的时刻，不如将我们的负面经历看作是引领我们前进的步伐。

也许你后悔在一段糟糕的关系中停留太久，或者后悔错过了一份工作或一次晋升机会；也许你后悔自己处理某个特定情况的方式，或做出影响你生活的选择。在你人生的每一个重大分岔口，总会有一条未选择的路，而沉迷于这些十字路口只会让你迷失方向。这并不能使你更接近目标。继续前行并原谅自己，意味着能够清晰地向前走，而不是一辈子回望过去。

虽然我已经能够在事后审视来处理自己最大的遗憾，但很多小遗憾仍然困扰着我。有时候我会因为没有更有力地分享我的想法，或是让某个人（通常是男性）打断了我而感到后悔。我后悔过去提出自己想法的方式。多少个夜晚，我躺在床上，盯着天花板，一遍又一遍地回想这些错误。

有一天，我意识到这些困扰我的想法只会让我无法自拔。

改变我心态的那个时刻是儿子乔纳森出生的时候。我知道母亲经常被内疚和遗憾所困扰,因此我积极决定在我们的生活中抚养他和其他未来的孩子时,不带负能量。从他降生到这个世界的那一刻起,我就下定决心要向前看,不要回头。如果我犯了错误,过于严厉地责备他,我会坐下来向他道歉,并承诺努力做得更好。如果我因为出差而与他的相处时间太少,我会在下一周投入更多的时间。我不再反复思考过去的错误,我决定将精力集中在纠正问题上。作为一名母亲,这让我感到自由,我决定在生活和工作中采取同样的态度。

宽恕作为夺回自我权力的工具

诺娜·琼斯是一位著名的牧师,也是"信仰与偏见"组织的创始人,该组织鼓励关注正义的对话。她还担任着脸书信仰合作关系主管。她的经历让她学会了宽恕。

诺娜的母亲当初并不想要孩子,但她的父亲却很期待有一个女儿。不幸的是,在诺娜的母亲怀孕期间,诺娜的父亲被诊断出癌症,并在诺娜2岁时去世了。之后,她的母亲搬到了一个全新的地方,以此来应对失去爱人的痛苦,并在诺娜5岁时开始与一位新男友约会。性虐待从那时起便开始了。诺娜是一个脆弱的孩子,她已失去了父亲,又要在家面对一个残暴的恶人。几年后,她鼓起勇气告诉了母亲自己受到的虐待,母亲的男友最终被送进了监狱。诺娜以为自己重获了自由,但不久之后,母亲却再次把这个男人带回家中,虐待又开始了。

因为遭受性虐待和母亲的背叛，诺娜在 11 岁之前曾两度试图自杀。直到她离家去上大学，才通过教会找到信仰并帮助她应对这些磨难。

诺娜从未打算讲述她的故事。当一位大学室友向她坦白自己遭受过强奸时，诺娜试图安慰她，但遭到了反驳，室友说诺娜不可能理解被强奸是种什么感受。这就是促使诺娜分享自己童年性虐待故事的原因，她亲眼见证了分享自己经历的力量是如何改变和治愈室友的。从那时起，诺娜继续敞开心扉讲述自己的故事。通过倾听自己内心深处的创伤，她学会了将伤痛作为生命中的积极力量。

如今诺娜向许多人分享她的经验，帮助那些面临同样虐待的人。她开设了一档播客，写了 3 本书，并成为教会中颇具影响力的人。所有这些都是因为她将曾经发生在自己身上的最糟糕的事情转化为推动自己前进的动力。她宽恕了母亲及其男友对她的忽视和虐待，这使得她从愤怒和绝望中解脱出来。她的宽恕不是为了他们，而是为了让自己能拥有在这个世界上前进的能力。

我们可以选择成为历史和经历的受害者或受益者。在那些黑暗的童年岁月里，诺娜曾是一名受害者，但后来她掌控了自己的人生，并将其作为催化剂，最终成就了今天的她。她利用过去夺回了自己的权力，成为自己人生故事的作者。

宽恕不是什么

宽恕常常被误解，知道和理解它不是什么，与知道和理解它是什么同样重要。

宽恕不是瞬间完成的,而是一个过程。我们往往把宽恕想象成一个单一的时刻,能够用魔法棒解决所有伤痛的宣泄事件。但实际上,它需要投入和努力。这可能需要数月,甚至数年。正如波莉所说:"宽恕是一个过程。你可以在某一天原谅某人,但第二天又生气了。随着时间的推移,情况会变得越来越好。你必须摆脱心中的仇恨和恶意。如果你不消除仇恨,那个人就拥有了对你的掌控权。"

宽恕首先是为了宽恕者的利益,而不是为了被宽恕者。很多时候,伤害你的人永远不会为他们造成的痛苦道歉,或是承认自己的错误。哈维·韦恩斯坦从未承认他所造成的伤害和损害。实际上,即使已经有80多名女性指控他的不当行为,他仍在上诉。[7] 宽恕并不是原谅不良行为,而是改变你对冒犯者的心态,让你能够在没有愤怒和怨恨的情况下继续生活。

宽恕并不等同于放弃正义,也并非回避正义。仅仅因为有人原谅了那些伤害他们的人,并不意味着就不用追求正义。这两个概念并非互相排斥。宽恕意味着心中没有对冒犯者的恶意,但仍然允许追究其责任。伊曼纽尔事件中的家属向罪犯施以宽恕,但也在法庭上为他们所爱的人寻求正义。在听取证人的证词之后,陪审团仅仅用了短短两个小时就认定迪兰·鲁夫有33项指控事实。随后法官判处了他死刑,执行方式为注射致命药物。[8]

宽恕并不等同于和解,也不需要与犯罪者建立关系。虽然宽恕打开了修复的大门,但并不一定意味着关系已经得到了治愈。

正如诺娜所解释:"虽然宽恕是我们的力量,但和解并不仅仅基于宽恕。和解需要宽恕和悔改。我的母亲从未为她所做过的事情忏悔,这就是为什么我们今天没有维持母女关系的原因。"诺娜选择了原谅,但她切断了与母亲及其男友的联系,因为他们从未承认对她造成的伤害。这使得诺娜能够释放对他们的怨恨,摆脱他们给她的人生造成的毒害,并向前迈进。

工作中的宽恕

工作中的冲突是不可避免的,但如果不加以解决,就会导致退缩、低效和压力增加。即便如此,职场中的宽恕也是加倍的困难。与我们的个人关系不同的是,我们经常被迫与那些冒犯我们的人反复打交道,而无法减少接触或将伤害我们的人从生活中剔除。每次看到他们时,我们都感到沮丧和受伤。毒素继续渗入,怨恨增加,这种情绪包袱随着时间的推移不断积累。

我曾经在工作中遇到过一次重大人际冲突,后来每次遇到那个同事,我都会将更多的不满添加到我的清单上。有一天,当我向我的职业教练抱怨我有多难过时,她平静地问道:"你打算什么时候放下背包?"

我看着她,感到困惑。她解释说:"每当你拿起另一个不满,就是你拿起并放进背包里的一块石头。当你走路时,背包变得越来越重,但背负它的人是你,而不是别人。"

夺回你的权力并不是为了原谅别人的行为,而是要为了摆脱你所背负的重担。图森特和他的同事在阿默普莱斯金融公司进行了研究，该公司在6~9个月的时间里向各员工组织教授关于职场宽恕的知识，并提供后续电话和支持。完成该计划的人员工作效率提高了24%，而未参与计划的人员仅提高了10%。参与者还看到自己的压力水平降低，生活质量得到改善。[9]这些员工放下了他们隐喻的背包，为他们自己和公司都带来了更好的结果。

根据图森特的研究，女性比男性更能从宽恕中获益。正如他与我分享的那样："相比男性，女性更具有宽恕他人的能力，因此她们在心理健康方面的风险也更小。了解到心理健康对整体健康和工作效率的重要性后，女性应该利用这一知识来激励自己去宽恕他人。宽恕确实可以让你感觉更好，而感觉更好通常意味着你将工作得更出色。"

宽恕与和解

我曾经和一位同事的关系非常紧张，几乎迫使我辞去工作。接下来的经历教会了我如何和解、增强韧性以及处理棘手的人际关系。

6年前，我与当时的经理迈克·弗纳尔见面。他刚休完育儿假回来，分享了自己作为新手父亲以及长时间离开工作岗位的感受。然后他告诉我他要离开公司。我感到很震惊。迈克多年来一直是我的经理和赞助人，他是我在公司里与管理层关系最稳定的人之一。我停顿了一会儿，屏住了呼吸。他接下来的话让我深受打击。

"你要向博斯沃思汇报。"

规则 5 学会共情与宽恕

安德鲁·博斯沃思是广告团队中备受尊敬的领导者，但我们并不合得来。虽然我在不同的团队和平台上工作，但我曾与他共同创建了脸书的第一个广告垂直产品：移动应用广告。我们的团队需要紧密合作，因此我们的成功取决于彼此之间的合作。博斯沃思直言不讳、咄咄逼人的工作风格让我感到不适。他性格豁达外向，这意味着当我们一起开会时，他总是会压过我的发言，让我很难表达自己的声音。我的反应是退缩。我觉得他很吓人，而他则认为我很难接近；他越是逼迫我，我就越是退缩。这种情况持续了好多年。我训练自己坐在他对面，这样便能够揣摩他对我说的每句话的反应，并提前做好应对批评的准备。我们俩都不知道的是，我很害怕他，因为他的个性让我想起了在我成长过程中嘲笑我的那些男孩。

作为产品经理，我一直在我们之间进行我自己的"A/B测试"，尝试通过不同的行动来看看是否会有所改变。我尝试过积极主动地参与交流，但结果却是一系列令人沮丧的谈话。后来，我尽量避免与他接触，但我们的团队目睹了一系列争执。最终，我把我们之间的关系问题归结于不同的世界观、风格和生活经历。我决定非必要，不与他进行任何交流。

我们的关系非常紧张，以至于脸书前首席运营官谢丽尔·桑德伯格最终把我们拉到一边，让我们坐下来与《清醒的商业》一书的作者弗雷德·科夫曼进行多次调解。我们需要外界的帮助才能学会在没有那么明显紧张的情况下共事。虽然调解有助于我们共处，但我们仍然保持着礼貌的距离。我们已经学会了共同合作，但尚未解决彼此产生分歧的根本原因。

我热爱我的工作，我喜欢这里的人，也喜欢我们正在打造的有影响力的产品。距离我参与组织的 F8（脸书年度开发者大会）上台演讲只有几周时间了。然而，当得知博斯沃思将成为我的新经理时，我离辞职只差一天。我清楚地记得给丈夫打电话，告诉他我需要找一份新工作。得知我对博斯沃思的感受后，戴维很惊讶，但也表示支持。

但在我做出最终决定之前，其他几位高层领导，包括首席执行官，纷纷介入并要求我们坐下来谈谈我们的问题。当谢丽尔要求我给和博斯沃思的关系一个机会时，我告诉她，他是唯一一个我宁愿辞职也不愿为之工作的人，并问她如果面临同样的情况她会怎么做。她回答说，她相信博斯沃思和我有很多可以互相学习的地方。出于对谢丽尔的尊重和团队利益考虑，我同意再给这段关系一个机会。博斯沃思和我坐下来一起讨论继续合作的可能性。

原来，他和我一样，对于我的团队在迈克离开后要被调到他的团队中也感到惊讶，而且他和我一样担心我们的合作会有问题。有了这一认识之后，发生了我经历过的最艰难的谈话之一。我们回顾多年来的争执和分歧。我含着泪告诉他，我害怕他，他很震惊并向我道歉。我的经理对我来说一直非常重要，我告诉他我宁愿辞职也不想再为他工作了。尽管如此，博斯沃思认为我们仍然可以通过某种方式让事情变得可行。

我在童年时期遭受了很多欺凌，因此觉得与那些即使是无意中也会惹恼我的人共事会让我很痛苦。我们彼此尊重，但始终没有找到默契的合作方式，尽管我们都曾经做出过真诚的努力。由于我们性格差异太大，每次交谈都充满着"陷阱"，4年之后，我们仍在努力寻找共同点。我们的背包里装满了怨恨和误解。

我们关系中最大的启示是，多年来我一直怀着对博斯沃思的极度不满。我一直把责任全部归咎于他的行为，而没有考虑到自己对他的所作所为和行为方式的反应。当我们真正地交谈时，那是我第一次向自己或其他人承认这一点。我和他分享了我的感受，他很遗憾地接受了，因为他不知道我会以如此负面的方式解释他的行动。反过来，我采取的与他保持距离的做法让他觉得很难与我合作。唯有通过这次讨论，我们才能确定是什么导致了我们关系中的障碍。

在找到问题的根源后，博斯沃思和我制定了一个计划来修复我们的关系，以便开启新篇章。我们互相承诺要做两件事：

1. 如果我们感觉到有什么不对劲的地方，立即坦诚地说出来。
2. 尽全力相信彼此。

起初这只是一次关于宽恕的对话，后来却演变成了一个和解的过程。建立一个富有成效的合作伙伴关系并非一蹴而就，在接下来的几个月里，我们不得不多次依靠承诺来解决新出现的冲突。每当我们拒绝让过去影响现在时，都能够为我们打造前进之路奠定基础。这段关系之所以成功，是因为我们都真诚地追求它。博斯沃思和我不仅相互谅解，而且在他的领导下，我在脸书度过了最具成效的几年。

几年后，在我们定期的一对一会谈中，博斯沃思告诉我他要离开团队去负责新成立的脸书现实实验室，那是我们增强与虚拟现实产品的所在地。令我惊讶的是，我的反应竟是发自内心的悲伤，我怀疑他也是如此。我脱口而出："我知道你听到我这么说会很惊讶，但是我很难过我们再也不能密切合作了。"我是认真的。博斯沃思微笑着告诉我，他并不感到意外，因为他也有同样的感觉。

当我问他我是否可以将这个故事写进书里时，他慷慨地答应了。在我向他汇报工作期间，他鼓励我写作并分享我的经历，这也是他多年来一直在做的事情。自从我开始向他汇报工作以来的几年里，我写了数十篇文章，最终促成了我写下这本书。当我告诉他时，他回答说："这是我们故事最好的结局。"

达成宽恕的步骤

承认伤害

如果不充分了解你的痛苦范围，你就无法看到它所造成的伤害。不了解伤害，就无法痊愈。有时，直面痛苦会让人感到恐惧，但回避它意味着不去面对发生过的事实真相。在一张纸上写下你经历过的伤害，并让文字成为你旅程中的一部分。通过这样做，迫使自己承认伤害并正视疼痛。

决定继续前进

给自己时间和空间去哀悼事件或关系。然后拿起你写下故事的纸，将其烧掉或撕碎。这个仪式为你提供了一个身体行动来记住当你决定原谅时的感觉。每次回忆和痛苦返回时，想起你摧毁伤害并释放自己的那一刻。这是一个过程，并不是瞬间完成的，但决定继续前进是重塑你处理自己经历方式的重要一步。

向你的目标迈进

如果你在向前走的时候还一直回头看，那么你就会经常跌倒。请向前看，朝着自己想要的未来前进。没有过去的包袱拖累你，你可以自由地踏上旅程的下一站。过去已经离开了你，新的可能性正在等待着你。

尽管这看起来有悖常理，但原谅自己和那些伤害过你的人是夺回权力的重要一步。对过去的事件心怀遗憾和怨恨是一种慢性毒药，尽管这看起来似乎更容易，但从长远来看会对你的生活质量造成负面影响。把宽恕视为送给自己的礼物：这是放下背包、疗愈并向前迈进人生之路的许可证，不要再被"如果"和"只要"所困扰。

你能够摆脱过去的枷锁，你的个人成长的潜力是巨大的，但这只有在你原谅自己和伤害过你的人之后才会开始。学会放手会使你重新拥有力量，让你不再心怀怨恨地生活。将权力掌握在自己手中吧。

规则 6

找到可靠的盟友支持自己

有人攻胜孤身一人，若有二人便能抵挡他。三股合成的绳子，不容易折断。

——《圣经》

在我加入脸书执行团队几个月后，我的经理迈克·弗纳尔问我，为什么我在我们的每周例会上从不发言。我很惊讶他竟然不知道，所以我请他观察下一次会议。

事后，他说："我以前从没注意到，原来你每次发言都被打断了。"

我回答说："现在你知道我为什么不多发言了吧？"一直以来，我都以为他知道这个问题但并不在意。几周后，在同一组人的讨论中，有人问起我的产品。突然，一位男同事插话了，并且向在座的人解释了我的产品。我感到尴尬和不知所措，于是把发言权让给了他。这是一个经典场面，我把自己的权力交给了房间里更有威势的男人。

那天晚上，我收到了一条来自那位同事的信息，他为打断我而道歉。这让我措手不及，因为这不是我们第一次有这种互动了。我后来发现，迈克主动联系了他，并指出了自己所观察到的情况，从此以后，这位同事就不再打断我的发言了。

这就是盟友的样子。

没有人能够独自成功。在职业生涯中，盟友是最重要的合作伙伴之一，尤其是对女性而言。在你的职业生涯中，你会遇到一些人，他们会加速你的职业发展，给你机会，并推动你成为超出自己想象的人。这些人包括同事、经理和赞助人。他们比你更相信你自己，愿意帮助你克服挑战、庆祝你的成就。他们是你的啦啦队、教练和合作伙伴。

成功之路并非一帆风顺，通常旅程会带你走弯路。知道有人支持你，可以让你拥有探索不那么清晰的道路的勇气。拥有盟友使你有勇气去冒险和探索，因为你知道如果跌倒或失败，总会有人在那里接住你。

职场中有四个主要的盟友群体。建立和培养这些关系将改变你的职业生涯：

- 导师
- 赞助人
- 团队
- 圈子

导师（mentor）

|ˈmen.tôr,ˈmen(t)ər|

名词

经验丰富、值得信赖的顾问[1]

"导师"（mentor）一词源于荷马史诗《奥德赛》中的一个角

规则 6 找到可靠的盟友支持自己

色的名字。曼托尔（Mentor）是国王奥德修斯（Odysseus）的朋友，被委托在国王离开伊萨卡岛参加特洛伊战争期间，指导他的儿子忒勒玛科斯。然而，曼托尔最终成为一个糟糕的导师。智慧女神雅典娜化身为他，赋予忒勒玛科斯精神力量和人生方向。[2] 因此，"导师"一词被广泛用作指代某人为另一个人提供人生指引。

导师在你的职业生涯中会发挥重要作用，并有助于帮助你重新获得力量。他们是职场上的顾问和指导者，帮你提高洞察力，并在你做出选择时提供帮助。然而，63%的女性报告表示从未在职业生涯中拥有过正式的导师，[3] 这些女性错失了一个重要的盟友和一段重要的人际关系。导师既是老师、教练，又是顾问。一位优秀的导师会对你负责，并扩展你的视野。

2000年代中期太阳计算机系统（Sun Microsystems）进行的一项长期研究发现，有导师的员工留在公司的比例要高出23%（为72%，而没有导师的员工留任率只有49%）。在研究期间，1/4受到指导的人至少晋升了一次，是未参加该计划者的5倍。[4] 这意味着，拥有导师可以将参与者的成果提高了400%！

康奈尔大学的一项研究表明，正式的导师计划可以提高整体员工的留任率，帮助人们进入管理层，加速晋升。有趣的是，这些影响在女性身上最为显著。研究人员认为，导师可以让来自不同背景的人获得晋升机会。如果没有这些指导计划，许多女性和少数族裔的晋升速度就不会那么快。[5] 尽管有明显的好处，但只有大约一半的组织拥有正式的导师计划，而在通常情况下，女性需要通过自己创建和寻找导师来重新获得权力。

在我 18 年的科技行业生涯中,我曾经指导过很多人,也得到了很多人的指导。每一段关系都为我的生活带来了全新的想法和经历,并教会了我珍贵的经验教训。

寻求帮助以找到合适的匹配

虽然许多导师关系是自然而然地发展起来的,但你可以通过向信任的人寻求帮助来加快这个过程。他们可以帮助你找到合适的人,并为成功建立关系做好准备。

例如,当我为团队成员寻找导师时,首先要了解他们希望从这种关系中获得什么。一旦了解到这一点,我会推荐与他们的兴趣和目标相匹配的导师。然后,我会进一步代表他们提出要求。许多高层领导会抽出时间来指导我的推荐对象,因为他们知道我已经审查过学员的学习心态和成长愿望。他们也知道学员需要对我负责,以确保他们持续参与指导过程。

我请来了资深数据科学负责人布雷迪·劳巴克来指导我团队中的数据科学主管阿希什·纳亚尔。我看到了阿希什有很大的潜力,但我需要一位来自该领域的专业人士来帮助指导他,并确认他晋升所需完成的工作。

几年后,布雷迪主动联系我说:"一开始我有些犹豫,但这是我最近做过的最有成就感的事情之一。"我曾经强烈要求他做这件事,但同时也知道他会是帮助阿希什在职业生涯中成长的最佳人选。我询问了布雷迪关于这段经历的感受,他说:"这段经历激励我更自然地指导那些与我不太相似的人们，这也是我一直以来所追求的。"

借助"媒人"也可以帮助你接触到原本难以接触的导师。就我个人而言，由于时间限制和我在这些关系中的投入程度，我一次只能指导 3~5 个人。我曾经参加过一个项目，该项目会在公司为我分配一位随机的学员，但我发现这些关系对我们双方而言都有些不尽如人意——我的能力和他们的需求不匹配。现在，只有当某个认识我们双方并知道我可以为学员提供独特支持的人请求时，我才会答应成为此学员的导师。

培养关系

在任何关系中，与导师建立信任至关重要。通常我们接受指导时，会误以为这是别人向我们提供的服务。我们寻求建议，他们就给我们提供建议。但其实指导是一种关系，而非交易。如果你把导师关系看作是一种单向的接受，这种关系很快就会消失。

导师通常会在你遇到问题时提供帮助，或者如果他们参加了一个计划，这种关系会持续一段时间。他们投入自己的时间和精力来支持你，你的工作就是确保他们的投资是值得的，而且你要回报他们，并把它传递给其他人。

作为一名导师，我经常会想知道自己是否产生了积极的影响，尤其是在我没有得到任何反馈的情况下。当我的学员跟进并告诉我他们采纳了我的建议，以及它们的结果如何时，这让我十分欣慰，并使得我更加投入于他们的成功，并努力经营我们之间的关系。

把导师变成赞助人

每位导师在决定长期投资学员时都有不同的标准，无论他们是否意识到。但是，总体而言，他们寻找的是那些不仅要展现出潜力，而且会积极努力实现这一潜力的人。他们想要一个愿意承担挑战性任务并自愿做出更多贡献（比如运行新的培训或招聘计划）的人。学员每次见面都是向导师展示这些特质并主动证明自己值得被赞助的机会。

导师关系对双方而言非常重要。是的，导师需要付出很多，学员也需要深思熟虑地投入精力并明确自己想从中获得什么。成为一名优秀的学员不仅可以推动你的职业发展，还能够学到未来成为一名优秀导师所需的经验和教训。

并非每个工作场所都提供正式的导师制，但这并不意味着你必须在没有导师制的情况下生活。寻找你想要向其学习的人，并向他们请教。即使是短期关系，他们的见解和支持也可以帮助你度过困难时期。

人们并没有明确区分导师和赞助人。虽然它们有关联，但并不相同。我会在会谈中问谁曾拥有过赞助人。通常情况下只有大约20%的人举手。问题在于，如果你有过赞助人，你就知道二者的区别。这是毋庸置疑的，因为当导师支持你并提供建议时，赞助人则能够提升你的地位并为你打开机遇之门。

赞助人（sponsor）

|ˈspänsər||ˈspansər

名词

对他人的行为承担官方责任的人[6]

赞助人创造机会。他们投资他们的声誉来帮助你成长和进步。他们指出艰难的事实，并且往往比你自己更相信你的潜力。

导师	赞助人
提供建议	打开大门
提出意见	提供坦诚的反馈
探讨你的问题	激励你追求更多
当被问及时，会说些积极的话	为你创造机遇
告诉你要相信自己	相信你的潜能
帮助你解决问题	做你的后盾
建议如何获取你想要的东西	拥护你

女性有导师，男性有赞助人

根据《忘记导师，寻找赞助人》一书的作者西尔维娅·安·休利特的说法，男性拥有赞助人的可能性要高出46%。[7]在对英美两国近万名员工的赞助情况进行研究后，休利特发现，赞助人可以将其获得加薪或挑战任务的能力提高30%。女性比男性更有可能拥有导师，但她们不太可能拥有赞助人。正是这种变革性关系的获取，使男性在职业生涯中占据优势。

赞助不仅仅是单向的。赞助人在组织中地位更高，通常比被赞助者高上一两级。他们寻找与自己有共鸣的人，并寻找支持他们的方式。同时，他们也会因此获得重要的回报——能够回馈并因为发现和培养组织内新人才而受到认可。

赞助人为他们所帮助的人承担声誉风险，因此自然而然地寻找与自己最相似的人。由于男性占据五分之四的高管职位，男性也占据了大部分具有强大赞助者的人群。这对于寻求赞助者的女性来说可能是一个挑战。励媖和调查猴子（SurveyMonkey）的一项研究发现，2019 年，60% 的男性管理者在工作活动中与女性进行导师指导或独自合作时感到犹豫。[8] 随着美国反性骚扰运动的出现，男性上司被吓得不敢与女性下属接触，因此这一比例在短短一年内增长了 32%。男性上司与女性下属进行一对一会面时的谨慎程度是与男性下属单独会面的 12 倍。但赞助人需要花费时间与被赞助人共处。

赞助人能够改变你的职业生涯

许多曾经指导过我的人，比如我在脸书早期的经理，在我们认识很久之后一直在支持我，最终成为我职业生涯的赞助人。他们超越了简单的指导关系，变成了拥护者。反过来，我也为自己职业生涯中指导过的很多人提供赞助，但并非所有人。我寻找那些具有主动性，值得在我们最初的关系结束后长期支持的人。我在贝宝开始了我的产品职业生涯。在那里，我遇到了我的第一个赞助人埃米·克莱门特，她是产品副总裁（VP）。她信任我、帮助我领导贝宝和易贝之间的整合。当需要招聘新的总监来掌管项目管理团队时,她面试了几位高级候选人,然后向我提供了这个职位。尽管我只有3年的项目管理经验,而且才刚刚开始管理人员,但她一次又一次地在我需要做出选择时,为我打开大门并推动我的职业发展。她鼓励我承担更多的责任,并给予我学习新领域的机会。当我询问是否应该在贝宝和易贝工作7年后加入脸书时,她是第一个鼓励我冒险的人。

赞助人相信你,相信你能够成功,即使在你不相信自己的时候。道格·珀迪是我在脸书的第7任主管,在丹妮尔出生和我父亲去世后的艰难时期里,他始终支持和鼓励着我。在我们第一次的交谈中,他告诉我要相信他。即使我对自己失去信心,他也从未怀疑过我是否能成功。他多次告诉我:"有一天你会成为这里的副总裁。"尽管我在公司工作两年半从未被提拔过,甚至还不是一个主管。每次他说这话时,我都笑了,并开玩笑地回答说当时连他自己都不是副总裁,但他相信我鼓励我,即使当时我自己都不确定能否成功。他建议我承担更多的责任,帮助我获得晋升,最终在他离开团队时让我成为他的接班人。

不久之后,谢丽尔·桑德伯格把我介绍给了财捷集团的首席执行官布拉德·史密斯。她告诉我,他来脸书是为了学习我们如何打造产品,并且想要了解平台和支付这两个当时由我领导的领域。谢丽尔把我拉到一边,说:"如果进展顺利,也许有朝一日你会加入他们的董事会。"我笑了,因为一家上市公司有兴趣让我加入董事会听起来似乎很不靠谱。布拉德和我见了面,聊得很开心。两年后，董事会空缺了一个席位，谢丽尔再次提出了我的名字。她告诉我："我可以打开这扇门，但你要决定如何利用它。"

我还记得当我走进布拉德的办公室与他会面时有多么紧张。我不知道他在寻找什么，但我很确定我不是他要找的那个人。为了对得起谢丽尔对我的信任，我决定全力以赴。在会议上，我毫无保留地分享了自己关于财捷集团战略和产品的见解，这些产品我已经忠实地使用并热情宣传了 15 年以上。这是我作为长期客户和产品负责人分享观点的唯一机会。谈话结束时，布拉德问我是否愿意加入董事会，我感到非常震惊。

在整个过程中，我心里一直明白自己不想让谢丽尔失望。她为我提供了一个我从未想象过的机会，而我的工作就是要证明她对我的信任是正确的。自从加入财捷集团董事会以来，我受邀参加了更多董事会面试，但我的能力和时间有限。我的董事会推荐名单上有十几位可以进入董事会的候选人，其中许多人就像当初谢丽尔推荐我时的我一样——充满潜力，等待着合适的机会。

我从出色的赞助人那里受益匪浅。作为回报，我也在整个行业中赞助别人，尤其是女性。当新机会出现时，我会推荐他们。我积极鼓励他们承担起他们认为超出自己能力范围的职位。有时候，我会帮助解决阻碍他们前进的冲突或挑战。但是，我也会给予他们坦诚的反馈，以确保他们看到自己的盲点。我认为我的角色是导师、支持者和激励者的混合体，但我总是相信他们的潜力，并且往往比他们自己更相信他们。

让赞助人主动找上你，而不是你找上他们

赞助是职业发展和追求新机遇中极其重要的方面，但这不是一种容易建立的关系。寻找赞助人可能很具挑战性，因为它需要相互信任和尊重，而这往往需要很长时间建立起来。许多赞助人最初都是经理、导师或跨部门的合作伙伴。他们看到了你的潜力，重视你的贡献，并开始帮助你。一旦建立起来，这种关系甚至在你转到新角色和获得新机会后也依然延续。

寻找赞助人是很困难的，因为这不是你可以简单要求的事。赞助人会主动找上你，而不是你找上他们。相反地，首先要建立关系。因为赞助人拥护着你，你的成功就是他们的成功，而你的失败也是他们的失败。你的行为直接反映在他们身上，因此信任至关重要。他们需要知道对你的投资是值得的，你会实现他们在你身上看到的潜力。看看那些已经与你建立起强大关系的人，向他们请教如何成长的建议，然后采纳它，继续向他们展现出你愿意诚实面对自己并解决盲点的态度。你要向他们证明，在你身上投入的时间是值得的。

关于蜂后综合征的说明

蜂后综合征盛行于1970年代，指的是女性对待其他女性更为苛刻。这种观念源自她们保护自己领导地位的想法，通过打压其他女性的事业来实现。最近的研究驳斥了这一说法：蜂后综合

征确实存在，但它只会在男性领导者将女性放入具有隐性配额的职位时出现。[9]因此，另一位女性的加入被设定为一种威胁。但是当女性本身担任高级领导职务时，比如高管或董事会成员，就会有更多的女性被提拔或担任领导职务。[10]

女性确实要为支持其他女性而付出代价，但在大多数情况下，她们仍然选择这样做。科罗拉多大学研究人员的一项研究发现，虽然男性不一定会因为推动多样性而得到嘉奖，但女性和少数族裔却会在绩效评估中为此受到惩罚。[11]我记得有一次被要求接管一个所有人都离开的团队，我需要从零开始重建它。我连续招聘了3名亚裔美国女性加入我的团队。招聘程序相当严格，新员工普遍认为是各自岗位上的最佳人选。我的经理把我叫到一边，警告我要注意这种现象，并建议我仔细考虑下一轮招聘。他是我的盟友，也是我的赞助人，所以我答道："如果我招聘了3名白人男性，你会这么说吗？"

他提出了反驳，说："我理解，但其他人可能不会这么想。我这么说只是因为我关心你的最大利益。"可悲的是，他是对的，但同时也是错的。

关于赞助人的最后一点说明。当许多人第一次听说他们时，他们会想知道这个体系是否被操纵了，以便有些人可以与赞助人互动而其他人不能。事实上，工作场所充满了可能成为你出色的赞助人的人，但是赞助人倾向于选择支持那些和自己最相似的人。鉴于高层领导的人口统计学特征，这意味着许多潜在的赞助人可能是男性，因此男性同事更有可能接触到他们。就

规则 6　找到可靠的盟友支持自己

像道格对我一样，这些男性盟友可以在你的成长中发挥关键作用。夺回你的权力意味着积极寻求这些关系，并找到表明女性也值得获得支持的方式，然后，在你取得成功时，向下一代传递这种支持。

团队（team）

|tēm|

名词

若干人在一起工作或活动[12]

通过团队实现茁壮成长

和谁一起工作比你从事什么工作更重要。找到一个能让你茁壮成长的地方对你的成功至关重要，而这始于你所在的团队。通常我们选择一份工作是因为它很有趣或符合我们的技能，但当你选择一个岗位或公司时，请认真考虑你将与之共事的人。你与他们相处的时间可能比你与配偶或其他家人还要多，但你可能并不总能考虑到团队的动态将如何影响你的生活。队友可能是你最好的盟友，但也可能成为最大的敌人。找到共识很重要，这样你们才能够合作而不是竞争。

谷歌研究了 180 多个团队，试图找出最有影响力和最有效率的团队的共同点。[13] 拉斯洛·博克在《重新定义团队》(*Work*

Rules）一书中公布了研究结果。如果让你想象一个伟大的、运作良好的团队，你会想到什么？是由最聪明的人组成的团队吗？还是高绩效者组成的团队？也许它很多元化，每个人都带来不同的观点；或者是同质化的，每个人都拥有相似背景。

一个伟大的团队不是由这些组成的；相反，关键不在于谁在团队中，而是他们如何选择共同工作。

谷歌最有效率的团队所引用的关键元素很简单：心理安全感。创造归属感文化的团队能让成员敢于冒险，而不用担心被评判。他们可以坦诚地面对彼此，认真地讨论哪些方面做得好、哪些方面需要改进。如果你处在一个高效的团队中，你是可以感觉到的。事情变得容易，成员之间彼此信任。他们是你的盟友，支持你，帮助你进步。

当你在一个运作不佳的团队中工作时，每个人都在保护自己，彼此之间存在着摩擦和不信任。我曾经在公司里有个团队，所有会议气氛都让人感到紧张。他们无法达成意见一致，于是进行了一对一的会面，建立派别和联盟以获取对其想法的支持。在会议期间，他们假装赞同提案，然后通过指示支持自己的团队采取相反行动来相互破坏。我的设计主管在一次会议后指出："和他们同在一个房间里感到冷飕飕的。"他们之间的互动感觉很沉重，每个人都背负着巨大的压力。不用说，我必须重新启动这个团队。有趣的是，这些团队成员后来加入了公司内的其他团队，在那里他们并没有陷入同样的消极模式中。相反，他们在彼此分开后的新角色中茁壮成长。这表明问题的很大一部分在于他们之间创造的文化,而并非他们本身。

当你找到一个相互信任的团队时,你将与志同道合,专注于同一目标的盟友在一起。我们的组织中有一条叫作"说出来"的规则。每当开会或讨论时,我们都会把所有问题放到台面上来讲。没有旁门左道,也没有场外游说。每个人都可以发表意见并审核相同的材料,然后作为一个团队做出决定。在走出会议室时,即使我们不同意这个决定,我们也允许自己持不同意见,并进行表态。

通过信任建立团队

女性通常希望被喜欢和被接受,因此我们会回避那些真正能够产生共鸣的艰难对话。但正是通过这些困难的情况和尴尬的谈话才形成了信任。建立一个团队的一种方式是共同创造一些东西。在我担任宗谱首席执行官的头几个月里,我感觉到我领导的团队仍然相处得不融洽。我们曾尝试与一位高管教练合作并共度时光,但直到我们经历了第一次董事会演讲的磨炼,才将所有冲突摆在了面前。当团队一起注视着最终演示文稿时,我们必须决定是否携手并致力于新的愿景和战略。那是锤炼我们团队的时刻。一旦打破了这个障碍,我们就能创造出一种诚实的、建设性的动力,这种动力推动我们不断前进。

伟大的团队之所以与众不同,是因为每个人都能提升周围人的水平。他们通过设定更高的标准,给予反馈和寻求更多帮助来提高整体表现。当你选择加入或组建一个团队时,问问自己将要与哪些人一起工作——他们是否具有创造力和慷慨精神，还是自私和破坏性的？他们是专注于共同成长还是个人成功？他们是关注客户还是个人认可？请注意，这些品质并不一定在一个人身上一成不变，它们受到环境和回报奖励的影响。寻找一个团队和公司，让你们可以一起成功，在这里你可以让身边的人变得更好，而你也会因此变得更好。

如果你在一个优秀的团队中，无论情况如何他们都会支持你。有一天我在脸书遇到了我们考虑收购的公司的首席执行官。当他走进房间时，我们被介绍认识。我像往常一样坐在长桌的中央。这位首席执行官坐在桌子的最前面。我的团队产品负责人P.J. 利纳杜奇坐在另一侧，正对着我。

这位首席执行官开始介绍他的公司，我注意到他直接对着利纳杜奇说话，从未看过我一眼。在那20分钟的演讲中，我坐在那里没有说一句话，不知道该怎么办。最后，利纳杜奇看着这位首席执行官说："实际上是她决定是否购买你们的公司，而不是我。"这位首席执行官对这一失礼行为感到震惊，结结巴巴地道歉。利纳杜奇展现了盟友的意义——即使当我犹豫不决时也愿意站出来纠正错误。

这些故事在职场女性中广为流传，尤其是在男性主导的环境中。一位产品经理亚历克莎·克拉卡里斯分享了一条在脸书上备受关注的笔记，讲述了她参加SIGGRAPH（Special Interest Group for Computer Graphics，计算机图形图像特别兴趣小组）但完全被忽视了。当她告诉队友伊泰·巴尔齐莱后，对方利用自己的影响力将她引入对话，并指责那些一再忽视她的人。在笔记底下的评论中，女性（无论是处在初级还是高级职位）分享了她们的队友如何帮助揭露这种行为并站出来给予她们权力的回忆。对于女性领导者而言，她们的团队会宣布："她是 X 部门的负责人"或"我在她的团队工作"，以此赋予她们权力。

在脸书，许多技术方面的人，如工程师、产品经理、设计师、数据科学家和研究人员，都是以通才身份进入公司的。他们在入职培训期间选择自己的团队。他们中的许多人面临一个问题：如何在所有选项中进行选择？我的建议是：先挑选你的主管，然后再选择你的团队和产品。你的主管将成为你的第一位导师，也有可能成为你的赞助人。你的团队是你几乎花费所有工作时间相处的人，如果你和一群你喜欢的人一起开发产品，那么你的产品会更出色。

我曾经合作过的每个团队都成了我生活的一部分。在你的职业生涯中，你将参与许多项目，但是与你合作的人以及你建立的关系才会伴随你继续前行。优化团队，其他自然会随之而来。

圈子（circle）

|ˈsərk(ə)l|

名词

一群有共同职业、兴趣的人或熟人[14]

寻找归属感

一个圈子是完整的，是一个整体。工作中的圈子是一个拥有共同兴趣、相互支持的紧密团体。你的圈子就是你找到归属感的地方，可以做自己的群体。

这种非正式的盟友关系网络使我们能够做到现在所需的。我们在脸书上有一个名为"领先女性"的"向前一步"小圈子，由公司各部门的女性副总裁组成。这群女性在困难、职业决策和家庭挑战中相互支持和鼓励。在重组、挫折甚至最终离开的过程中，她们成为彼此的加油站和依靠。当我离开公司时，这个团体送给了我一条银手链，上面串着小竹子形状的珠子，提醒我女性既坚强又柔韧。竹子比钢材更具拉力，是建造摩天大楼的脚手架材料。即使在最艰难的时刻，我们也是彼此的支撑和依靠，这就是我们能够攀登新高度的原因。我每天都戴着她们送我的礼物，以此来提醒自己这群特别的女性团队曾在我的职业生涯中扶持着我。

找到你的圈子

当你有一群支持你的朋友和同事时，魔力就会发生。他们为你加油打气，倾听你的烦恼，并鼓励你重新振作、再次尝试。当你苦苦挣扎时，这些人是你求助的对象；当你欢乐时，他们则与你共同庆祝。像这样的团体，是一个让人听到残酷的真相、互相激励成为最好的自己的地方。

规则 6 找到可靠的盟友支持自己

你的圈子是你的支持系统。这些群体促进人与人之间的联系，即使像我这样内向的人也能受益，并提醒我们相互支持有多么重要。多年来，我很幸运地成为其中几个群体中的一员。

邢立美是《纽约时报》畅销书作家，在她的第一部小说出版前，她花了10年时间写作，她在自己的评论伙伴中找到了她的圈子。当她准备放弃自己时，他们支持着她。她解释说："当我的第5本小说被拒绝时，我陷入了低谷。"她解释道，"他们让我重新振作起来。他们鼓励我，告诉我我写得很好，可以出版，但有一些系统性及其他原因导致它没有被接受。于是我坚持了下去，把我的手稿一共修改了27遍，《台北爱之船》最终在拍卖中出售，由哈珀柯林斯出版，登上了《纽约时报》畅销书榜单。如果没有他们的帮助，就不会有我今天的这本书。"

圈子可以是自然形成的，也可以是人为创造的，但最重要的是，每个人都得到了彼此充分的信任和支持。你可以通过工作、在线群组、社交活动或专业社区来建立自己的圈子。关键因素在于你在这个团体中感到足够安全，可以做真实的自己，并且你可以获得和给予支持。知道有一群人可以在你跌倒时扶住你，意味着你可以比独自一人飞得更高，更有力。

每个成功的故事都不是一个人单打独斗的，而是有盟友与他们并肩作战，鼓励、帮助他们克服逆境。

你职业生涯中将充满曲折和起伏、胜利和失败，但有一样东西会一直伴随着你，那就是你遇到过的人和建立起来的关系。当你面临困难时,他们将是安慰你的手,在你不断攀登向上的过程中拉你一把,帮助你达到下一个高度。

旅途中若有了盟友(导师、赞助人、团队和圈子)的支持,他们与你并肩作战,会让你走得比想象中更远。

规则 7

全然接纳自己本来的样子

生命中最重要的关系是我们与自己的关系。

——黛安·冯·芙丝汀宝

不要颐指气使。

要有淑女风范。

不要太聒噪。

不要刁难人。

我们教导女孩不要太引人注目，不要占用太多空间。我们从小就训练我们的女儿去顺应社会规范。微妙的暗示无处不在，从连衣裙上的"像妈妈一样漂亮，像爸爸一样聪明"字样，到电子游戏中沉默寡言的男英雄拯救公主。我们向女孩们灌输传统迪士尼公主形象，如睡美人、白雪公主、灰姑娘或小美人鱼，她们都在等待王子来拯救自己。爱洛在《睡美人》中沉睡着，而白雪公主则需要王子来唤醒她。在《小美人鱼》中，爱丽儿为了和一个甚至不认识她的男人在一起，放弃了自己的声音。在《惊奇队长》问世之前的20年里，漫威推出了20部超级英雄电影，全部是以男性为主角（如果不算《蚁人与黄蜂》中黄蜂女的第二次出演，那就是19部）。[1] 直到最近几年，女性才被允许成为真正意义上的英雄。

在媒体中，男性通常是英雄，而女性往往只是推动剧情发展或辅助主角的人物，并不担任领导者的角色。我的女儿们抱怨说，我们一起玩的每个电子游戏都有一个男孩作为主人公。当我们一起玩《塞尔达传说：荒野之息》时，我的女儿贝萨妮抱怨这不公平，因为游戏的主角林克可以休眠一个世纪，而塞尔达公主却要阻止毁灭她王国的黑暗力量——灾星加农。从《异度之刃》到《巫师》再到《光环》，我们全家都玩过这些广受欢迎的电子游戏，它们大多数都让你扮演一个男性英雄，由女性角色作为配角。

在我的女儿们还很小的时候，我就反对公主热潮所传达的信息。我希望她们能够自己创造属于自己的故事，而不是成为别人故事中无足轻重的角色。因此，我满足了她们对凯蒂猫（Hello Kitty）的迷恋，直到我的姐姐给她们带来凯蒂猫公主裙后，我彻底放弃了这个想法。面对有关女性角色定位方面的种种挫折和困扰，我给女儿买了一些印有谢丽尔·桑德伯格名言"像爸爸一样漂亮、像妈妈一样聪明"的T恤。[2]

我们被教导的内容

女性被教导要改变自己以符合社会标准。从小，女孩就被期望守规矩。老师会花更多的时间教男孩，他们打断女孩的发言，为男孩在教室里说话腾出更多空间。[3] 在2015年的一项研究中，老师批改的数学试卷显示出对男孩名字的偏袒，而对女孩名字则没有这种偏袒，但在盲审时就不存在这样的差异。这导致更多来自那群孩子中的男孩后来进入了STEM领域。2020年发表在《教育研究者》上的另一项研究表明，虽然老师们公正地给学生打分,但随后他们对男孩能力的评估要比女孩高得多。他们对少数族裔女孩的数学成绩尤其不公,即使她们与男孩的成绩相似。在这项研究中,给老师展示的是随机化的姓名,突显了性别偏见的潜在影响,甚至那些教育下一代的教师也会受其影响。[5]

在工作中,管理者会给予男性更直接的指导和反馈,这让他们有更快的职业发展和成长。[6]社会暗示某些领域不适合女性,尤其是STEM领域。当女性进入职场时,我们得到的反馈是我们很情绪化或"粗鲁"。[7]当女性偏离社会的行为标准时,就被形容为专横或无礼,甚至被称作"自以为是的人",而男孩则因果断和领导力而受到赞扬。

这个世界充满向女性发出的各种信号,告诉我们不够好,我们的想法不值得被倾听,我们是不优秀的。一辈子我们都在慢慢地被推开,这教会了我们不敢相信自己的直觉、压制自己的观点。我们被教导说,抱怨会让我们变得难以相处,野心勃勃让我们不讨人喜欢。但是,正如我的朋友兼教练向珊莹所说,我们每个人都有一种"超能力",让我们变得特别而独特,这是任何人都无法夺走的。学会识别、理解和拥抱这种超能力,是我们取得超出自己想象的成就的途径。

寻找你的超能力

我曾经很长一段时间都在为是否相信自己和所看到的东西而苦恼。我认为自己并没有什么特别之处,因为许多人也能做到我所做的事情。由于我的成长环境与周围的人非常不同,我只是一个观察者，小心翼翼地避免说错话或引起注意。但这也教会了我不要相信我的直觉或分享我的观点。我曾认为，如果没有其他人能够理解我的观点，那么它就是不成立的。

11年前我加入脸书时，是谢丽尔·桑德伯格面试的我。我告诉她，我们应该在脸书上建立社交电商平台。我能感觉到她对这个想法并不热衷，但她的态度非常亲切。在接下来的5年里，尽管我不愿意掀起波澜，但我还是不断在推销这个想法。我看到很多妈妈在脸书的母亲群里交易，我克服了自己内向的性格，提倡开发一款新产品，让每个人都能使用该功能。我经常与其他高管交流，指出人们已经在平台上进行买卖。有一次，首席产品官克里斯·考克斯疑惑地看着我说："为什么会有人在脸书上购物呢？"我看到了这个社区的人们试图使用脸书上的群组进行商业活动，而没有人注意到这一点。

然后，我开始与凯蒂娅·维瑞森教练合作。在很长一段时间里，我会告诉她我注意到的一些事情，但随后又说："如果没有其他人看到它，那么也许是我错了！"

她会说："也许你是对的，他们只是看不出来。你要相信自己。"

我们经常自我贬低或放弃某些对我们而言独一无二的事情，因为它会让我们显得太过突出。与众不同、彰显个性让我们感到不适。

在与凯蒂娅的一次课上，我说："我希望人们能看到我所看到的。"我注意到，在我的职业生涯中，很多时候答案似乎是显而易见的，但是我害怕说出来，因为如果只有我一个人能看到它，那么它可能是错误的。

她回答说："这就是你的超能力"。起初我不相信她。我无法让人们相信我所看到的东西。但她说，我的能力在于看到别人无法看到的事物、连接别人无法连接的点，这才是我的与众不同之处。她鼓励我利用自己的洞察力而非压制它们。

当我加入脸书时，我是公司里为数不多的妈妈之一。多年来，我是产品管理部门唯一的妈妈，许多新产品都是在这个部门孕育的。因为我的生活方式与大多数人不同，所以我能够利用网络中他们看不到的部分。最终，我想，如果脸书不建立商业平台，我就离开去打造一款这样的产品。我已经安排好了后备计划和联合创始人，而我的经理看着我的新产品清单，指着商业平台，说："把这个想法带给马克看看怎么样？"我惊呆了。几周后，我向马克·扎克伯格建议创建脸书市场的想法，如今这个产品已拥有超过 10 亿的月活跃用户。

不要让外界事物来定义你

我们经常被外界事物所定义。我们的身份早在成长过程中就已经基于发生在我们身上的事情而被设定好的。但是，我们可以决定是否接受或拒绝别人给予我们的标签。我曾因与周围所有人不同而变成了"异类"，并试图弥补这种差异感。我的不同，以及我想要隐藏它的欲望，长期以来一直定义着我，以至于我不知道该如何脱下这件外衣。它是我的一部分，我相信它是我与生俱来的特质。

我一直是个与众不同的人,一个从未真正融入社会的女孩。这种身份已经像我的头发或眼睛颜色一样深深地扎根在我内心。当我来到斯坦福大学商学研究生院时,我选修了著名的"触摸感受"(Touchy Feely)课程,在课上,我的同学们加强了我对自己的感觉。"触摸感受"是一门名为"人际动力学"的课程,已经连续 45 年成为斯坦福大学最受欢迎的选修课。[8]学生们被分成 12 人小组,称为 T 小组。这些小组每周至少会面 3 个小时,持续一个季度,然后一起进行为期数天的静修,每个人都分享他们对彼此的看法和感受。[9]作为一个不爱说话的华裔基督徒,我被告知自己似乎与众不同,有点儿像外国人。这些人来自不同的环境、国家和背景,他们几乎都给出了相同的反馈——我与他人保持距离,并且难以与人沟通和敞开心扉。

那时我才意识到,我成长过程中的外国人的特性不再是别人强加给我的。相反,这是一种我自愿选择去拥有的东西。我允许别人对我进行过度定义,以至于在这种定义已不再适用的时候,我仍然按照其标准来生活。这个教训伴随着我离开斯坦福进入职场,但我花了很多年才解开这层外衣。我允许别人将我困住,然后利用那些石头建造了一个可以居住的堡垒。一块一块地拆除这些石头让我能够敞开心扉并与人交流。

我并不是唯一一个必须努力摆脱他人定义的人。西尔维娅·阿塞韦多曾担任美国女童子军的首席执行官、奥巴马政府早期教育拉丁裔卓越计划主席,以及财富 500 强企业高通无线技术公司的董事会成员。《福布斯》将她评为"美国50位顶尖科技界女性"之一。当被问及她长期而极具影响力的职业生涯的关键是什么时，西尔维娅说："我拒绝被他人的规则所定义。"西尔维娅在新墨西哥州拉斯克鲁塞斯市的一个普通社区长大，她出生于20世纪50年代，母亲是一个只受过8年教育的墨西哥移民，父亲是一名墨西哥裔科学家。当西尔维娅还是个小女孩的时候，她的姐姐劳拉患上了脑膜炎，导致残疾。西尔维娅在女童子军中寻求慰藉，最终获得了自信和技能，使她走出了贫瘠的故乡。

西尔维娅的超能力在于，不管纸面上写着什么，她始终相信自己可以做到任何事情。作为一名女性，她在很少有人像她这样追求STEM机会的时代进入了该领域，她接受了挑战。从新墨西哥州立大学毕业后，她加入了美国国家航空航天局的"旅行者2号"团队。之后，她又回到斯坦福大学获得了工程硕士学位，成为第一批获得该学位的拉美裔女性之一。接着她入职国际商业机器公司（IBM）担任工程师。"我不接受任何标签。我告诉自己，我属于这里，而且我做到了。"她谈到了自己的经历。

然后，在她28岁时，一场悲剧改变了她的生活，几乎让她失去了方向。她的父亲多年来一直与心理问题做斗争，却最终杀害了她的母亲并自杀。她和姨妈一家一起照顾残疾的姐姐，同时努力克服这场悲剧在她生命中留下的印记。多年来，她努力摆脱了从父母那里学到的消极的思维方式。她说："我必须克服这种羞耻感，我必须寻求宽恕才能实现自由。"

西尔维娅从那场悲剧中走出来，接着在戴尔、欧特克和苹果等多家知名科技公司工作,从不允许别人低估她。当有人告诉她女性在拉丁美洲不能成为领导者时,她前往智利并获得了商业领袖的推荐信。当她想在亚洲经营业务时,有人告诉她一个拉丁裔女性在那里不会被接受,所以她去了香港和澳门,并获得了推荐信来证明自己的能力。两次都是如此,她迎难而上,从未让"不可能"的念头影响她。

戴尔公司的一位导师曾对西尔维娅说:"别再去五金店找牛奶了。"她深受启发。西尔维娅努力寻求新的机会和学习成长的方法。当她感到受阻时,她会寻找另一种方法,但她从不驻足在没有前进道路的地方。

最终,她的道路引领她走向了她可以完全释放自身影响力的地方。从2009年至2016年,西尔维娅在女童子军董事会任职,并被其他董事会成员选为首席执行官。利用自己对商业和工程流程的知识以及对女童子军的热情,她重塑了这个有百年历史的组织。在她的4年任期内,她创建了146个新项目,重点关注创业、户外活动、公民参与、STEM甚至是网络技能。正因她的工作,来自美国各地的女孩获得了超过100万枚STEM徽章,激励着新一代女孩,就像西尔维娅在悲剧时期受到激励一样。

放大你的超能力

小时候,我每隔几个月就翻出妈妈的首饰盒,把她的项链和手链拿出来,再一一解开。她把所有东西都扔了进去,一点儿也不在乎它们会变成金色的一团,金属链紧紧缠绕在一起,以至于它们成为一团难以区分的东西。我还记得当时的感觉,我拿着一堆看似杂乱无章的珠宝,一根一根地仔细解开。我沿着这些线和环,追溯它们的源头,花上足够的时间,把一些不能用的东西恢复到它们原本的样子。

我喜欢拼拼图,理解难题和制定复杂的策略。无论是在工作中还是在家里,我都能从解决问题中获得同样的兴奋感,就像小时候一样。有一天,我发现一个在科技行业中没有人谈论过的观念。我不知道该怎么办。4年来,我一直在琢磨它,担心这只是我的想象而未敢公开发表。我与数十位女性交谈过后,撰写了一份完整的报告,但因为不信任自己的直觉而未能发布。

乍一看,这个问题似乎微不足道,不值得探究。2002年,我开始从事产品管理工作,这个领域男女比例是平衡的。埃米·克莱门特是贝宝的产品副总裁,而朱迪·柯克帕特里克在易贝担任同样的职务。这两家公司的许多经理和董事都是女性。在埃米领导的一段时间,每个主要产品团队的负责人都是女性,并且团队里的男女比例相当。

7年后,当我加入脸书的时候,我甚至无法在产品管理部门找到一份工作。当后来受邀加入产品组时,只有其他3名女性产品经理,而我们在组织中所占的比例还不到10%。

产品管理是科技公司中一个重要但相对较小的领域。总共可能只有10万左右的从业者。但正是这些产品经理制定了解决全球科技公司优先考虑的问题战略,他们编写路线图,主导实现人们最喜爱的硬件和软件产品体验。产品经理的身份和领域多样性至关重要，因为他们每年决定数十亿美元的技术研发去向。他们推销新产品，决定解决哪些问题，哪些问题被抛在脑后。许多产品负责人后来成为科技顾问、投资人、创始人、董事会成员和首席执行官，持续扩大其影响力。

不知为何，从2002年我开始从事产品工作到2009年离开易贝期间，这个领域从一个性别平等的行业变成了极度失衡的行业。许多女性产品经理在其他公司无法获得聘用机会，有些女性留在了公司并获得晋升，但更多女性转向其他部门或完全离开了这个行业。

没有人公开谈论这个问题，但在私下里，脸书的女性产品经理注意到了。于是，我决定与招聘主管鲁塔·辛格合作。我们开始分析为什么女性人数如此之少，并开始系统地解决这个问题。多年来，我们一直致力于将女性比例从不足10%提高到与男性均等，这需要付出真正的努力。但是，依然困扰着我的问题是："发生了什么改变？"

当我与时任Slack产品副总裁的阿普丽尔·安德伍德聊天时，我偶然发现了这个谜底。在那次通话中，她说自己曾经是旅游城市（Travelocity）性别平衡团队的产品经理，尽管她之前一直是工程师，但由于她本人没有计算机科学学位最终去了谷歌担任合作技术经理。

那次谈话激发了我的一些想法。我们在脸书为提高性别多样性的工作之一就是取消计算机科学学位要求，然后又取消了技术面试。我们这样做是因为公司里最资深、最成功的三位女性产品经理——费姬·西莫、娜奥米·格莱特和我自己,甚至没有资格参加我们自己职位的面试,因为我们也不满足学历要求。我们都是通过其他岗位进入公司,后来才受邀加入独家产品俱乐部,这也是公司许多高层领导的晋升通道。

我找到了业内备受尊敬的产品经理,询问他们发生了什么事情。我遇到了一位前谷歌产品经理,他告诉我,公司在2004年左右改变了对产品经理的要求。工程师们抱怨产品经理的技术水平不够,因此他们增加了对计算机科学学位的要求。当时,谷歌是科技行业的先锋,现在仍然如此,许多公司效仿其做法。自2005年以来,女性获得的计算机科学学位约占1/5。[10]

结果,新一代产品经理的性别比例越来越向男性倾斜。即使是在其他公司拥有成功的产品管理职业生涯的女性,包括我自己,也不能再以项目经理的身份更换公司,只能被迫担任其他职位。

我花了数年时间,通过我在脸书担任招聘项目负责人来解决这个问题。我首先面试了每一位申请公司产品经理职位的女性。我们开始为女性举办活动和晚宴,向她们展示公司中已有的女性领导者。但进展很缓慢,因为我们要求申请人至少有一些项目管理经验,而许多女性如果没有计算机科学学位,她们甚至无法在毕业后找到第一份工作。

在与阿普里尔交谈的4年后,我于2020年在领英上发表了一篇题为《女性产品经理去哪儿了?》的文章,将自己的发现公之于众。[11]我们的行业对此反应强烈,数十位女性告诉我,同样的事情也发生在她们身上，认为只有她们会这样，认为自己因为不够优秀才会陷入困境。

我看到了别人没有看到的东西，多年来我一直不敢把它说出来。我花了7年时间来改变脸书的招聘方式和流程，以帮助我们达到性别平等，但我不敢确定自己是对的，所以也没有勇气分享我关注的事情。

在发表那篇文章后，我决心不再退缩。我会公开地提出我的想法，让大家讨论和批评，而不是把它们憋在心里。几个月后，我以一封简讯开始了2021年的新年。在这一年里，我每周都会写下自己观察到的事物，或好或坏。我不用再等待多年或将想法深埋心底，而是希望推动自己去接受所看到的事情，并与他人分享。

接纳你的魔力

女性被教导的很多事情都是在压抑自己的与众不同，解决那些过于突出或引起太多关注的问题。在科技领域，费姬总是脱颖而出。在一个充斥着连帽衫、牛仔裤和运动鞋的世界里，费姬·西莫（Fidji Simo）穿着四英寸高跟鞋、高级定制连衣裙和精致的妆容，即使在她最糟糕的日子里也能够吸引所有人的目光。尽管由于健康原因她经历了许多挫折，但她从未让这些事情影响到她。

作为脸书应用程序的负责人，费姬·西莫管理着全球最受欢迎的应用程序。她的决定影响着每月25亿用户的生活。她从脸

规则 7　全然接纳自己本来的样子

书的初级产品营销岗位一路晋升到产品经理、再到产品组负责人，最终成为公司最年轻的副总裁之一。2019 年 3 月，马克·扎克伯格邀请她接管这个他在大学宿舍里创建的产品，并将这颗名副其实的"明珠"交到了她手中。

费姬出生并成长于法国南部城市塞特，该城市的居民不到 5 万人。幼时，她家族中的每一位男性都以捕鱼为生，她的母亲经营着一家服装精品店。有一天，她在电视上看到一名从事商业的女性，当即就决定要效仿对方。她回忆说："总有一天我会成为高管，提着一个手提箱，在机场里匆忙赶路。"尽管她的父母和世世代代都生活在塞特，但他们鼓励她追随自己的梦想。这使得她追求教育，并成为家族中第一个高中毕业并考上大学的人。

虽然费姬的道路曲折艰辛，但她从未动摇过自己的信念，她相信一切皆有可能。大学毕业后，她进入商学院学习，有机会在加利福尼亚州大学洛杉矶分校（UCLA）度过一个学期，爱上了美国。之后，她立即收拾行囊搬到了这里，加入了易贝的战略团队，开启了她在科技领域的职业生涯。

2011 年，费姬加入了脸书负责产品营销，当时这家公司的员工只有不到 3 000 人。她真正的热情在于建设，在脸书仍然要求该职位需要技术学位的时候，她开辟了一条通往产品管理的道路。她作为一名创新者在脸书内部不断晋升，推动公司移动端大部分盈利策略的实现，并开发了娱乐领域的重要产品，包括脸书观影（Facebook Watch）和脸书直播（Facebook Live）。她还孵化了专注于新闻、公民参与和创作者盈利的团队，在转向直播时推动游戏产品的发展。费姬是公司内晋升速度最快的领导者之一，并在 2017 年加入了马克·扎克伯格的小型高管团队。

费姬的毅力和认为自己与众不同的信念让她克服了一个又一个障碍。当脸书观影首次推出时，它很难获得关注，公司在产品推出后不久就开始考虑放弃它。费姬把自己的职业生涯和声誉都押在了这项价值 10 亿美元的投资上，而她却眼睁睁地看着问题和疑虑困扰着自己。她回忆说："妈妈提醒我，一个来自法国小镇的渔民之女成为美国脸书高管的概率很小。但我从未关注过概率，总是专注于沿着通往目的地的道路一步步前进。于是我这样做了——重新点燃对这个愿景的激情，清除所有不相信我的人的能量干扰，一步一个功能不断完善产品，直到它大获成功。"

脸书直播的成功让费姬的事业蒸蒸日上，为她赢得了来自娱乐行业和脸书内部的赞誉。在这个职业飞速发展的重要时期，费姬怀上了女儿薇洛。由于子宫内膜异位症引起的并发症，她卧床休息了 6 个月，在此期间她仍然领导着公司一些最重要的项目和一个 400 人的团队。

一直以来，费姬都依靠自己的努力和准备将产品推向市场，但她失去了亲自领导团队的能力。拯救孩子生命的药物威胁着费姬的生命，但她知道她想要给予孩子最好的机会。她后退一步，在严格卧床休息的同时远程领导团队，学会了委派任务和扩大规模。费姬还做了一件她以前从不允许自己做的事——带着脆弱去领导。她总是比其他人计划得更好，准备得更充分，学会委派任务需要她分享自己的处境，并依靠他人将其愿景变为现实。这种

规则 7 全然接纳自己本来的样子

经历使她意识到，脆弱有助于与团队建立更紧密的联系，也不会失去任何已经赢得的信誉。

当面对每一个挑战时，费姬都去适应并自我进步。虽然她仍然领导着团队，但由于患有慢性病，她必须学会改变策略。即使在经历了测试和手术的折磨后，她还是将脸书应用程序发展到了25亿用户，并添加了数十个新产品和新功能。在她卧床休息和与子宫内膜异位症的斗争中，她又患上了一种叫作体位性心动过速综合征（POTS）的自主神经系统疾病。疼痛没有阻止她前进，即使这意味着她要坐着轮椅上台，在"产品行业女性大会"主题演讲中采访黛安·冯·芙丝汀宝，或者在体位性心动过速综合征导致她血压下降时靠在椅背上主持战略评估。她学会了以坚定自信的态度，公开谈论自己的健康问题，并鼓舞他人在面对挑战时依然坚持追求梦想。

费姬的超能力在于她相信"一切皆有可能"的魔力，并致力于通过发掘他人身上的闪光点来将自己的超能力传递出去。4年前，在脸书进行一次重大的公司改组后，我因未能获得工作机会而去了她的办公室。她直视着我的眼睛说："刘绮琪，我们都知道你将来会成为一名首席执行官。"当我有机会领导宗谱公司时，她鼓励我展翅高飞，并接受这份工作。费姬擅长发现他人身上的闪光点并将其放大，这种超能力改变了许多有幸与她相遇的人的人生，包括我。

2021年8月，费姬有机会接任市值400亿美元的科技独角兽公司Instacart（美国生鲜杂货配送平台）的新任首席执行官。在公司准备上市时,创始人和首席执行官退居二线,让她执掌大权。她的魔力只会在新的职位上继续增长。

掌控你的故事

拥抱自己的独特之处意味着坚持自己的个性,而不是迎合他人的期望。放大你个人的超能力就是勇于与众不同,不允许自己被他人规则所定义。你的历史、家庭故事和经历都是构成你人生的一部分。你可以选择接受或拒绝,但它们从你出生起就深深地刻印在你身上,你可以被动地应对生活,成为它的受害者;你也可以将其作为你前进的动力和灵感。

"我成为今天的自己,是由我的基因所决定的,而这种基因反映了我所成为的女性的样子。"黛安·冯·芙丝汀宝(Diane Von Furstenberg)说道。她创造了标志性的裹身裙和以自己名字命名的品牌。在她出生前 18 个月,她的母亲莉莉安·纳米亚斯仍是 600 万被纳粹囚禁的犹太人中的一员。莉莉安在 22 岁时从奥斯威辛集中营获释,当时她的体重只有 22 公斤,奄奄一息。之后她回到了比利时的家中,在母亲的精心照料下逐渐康复。莉莉安后来结了婚,但医生警告她 3 年内不要生孩子,因为这会给她和未出生的孩子都带来生命危险。9 个月后,黛安出生了。

"我知道我原本很有可能活不下来,但在我出生的那一刻,我就已经赢了,"黛安说,"这解释了我人生的一切。之后再没有比得上它的馈赠。"黛安的超能力在于她对自己是谁以及想成为什么样的人有着清晰明确的认识——她想成为一个掌控自己人生的女人。

有一天，黛安在意大利的一家印刷厂遇到了一个男人，他教她有关针织品、颜色和面料的知识。接着她母亲帮她买了一张去纽约的机票，在那座城市，她发现了自己的使命。她回到那家印刷厂，请那个男人制作了一些样品，以便在美国展示。回到美国后，她便创立了自己的公司黛安·冯·芙丝汀宝，专注于为女性提供平价且漂亮的裹身裙。时任《时尚》（*Vogue*）杂志主编的戴安娜·弗里兰非常喜欢这些设计，并将其推荐给读者，这使得黛安的品牌名声大噪。

在过去的几十年里，黛安一直利用自己的超能力，帮助其他女性感受到自己在掌控生活并掌握主导权。她创立了自己的公司和品牌，并以自己的方式生活。尽管两度与癌症做斗争，但她仍然坚持活出真实的自己，并通过她的设计将自信传递给女性。她简单而优雅的裹身裙极具标志性，提醒女性有能力展现自信的力量。

黛安的脖子上戴着一条金色吊坠，上面刻有她自己手写的字体："掌控"（InCharge）。 就像裹身裙一样，它反映着她带给无数女性的激励。

让女性与众不同的特质常常让人感到不适或不舒服，正是因为它是不寻常或罕见的。我们环顾四周，会感到自己迫切需要随大流儿、压抑自己的声音，寻求安全。但内在的超能力正是让每个人有其独特性的地方，这也正是我们应该培养并投资于它的原因。它赋予了我们一些别人所不具备的东西，无论是西尔维娅在任何地方都能有归属感，还是费姬对自己和他人的信心，或是黛安将她的自信和激情传递给职场女性的能力。

接纳我们自己，意味着我们可以利用我们与生俱来的力量来影响他人。你的内心深处有一份属于自己的东西，是别人无法看到或感受到的。不要隐藏这束光芒，而要让它大放异彩，为他人指明前进之路。

规则 8

找到家庭和工作中的平衡点

你要做的最重要的职业选择就是你要和谁结婚。

——谢丽尔·桑德伯格

18岁时,我遇到了我的丈夫。那是我刚进入杜克大学的第一个周末,一位发小邀请我去他的教堂,在那里他把我介绍给了戴维。

当时,戴维是北卡罗来纳大学教堂山分校的一名大四学生。他穿着细条纹西装,系着黄色领带,再加上他无礼和轻率的幽默感,让我立即对他产生了一种本能的反感。我大一的大部分时间都对他保持着这种情绪。不用说,我们走向婚姻的道路并非一帆风顺,我们也明白了爱情并不能克服所有障碍,我们必须建立一种未来想要的伴侣关系。经历了5年的约会(其中一半是异地恋)、20年的婚姻、3个孩子和4次搬家后,我们学会了如何拥有一段成功的婚姻,以支持两个人的事业和一个家庭。

夺回你的职场权力意味着不要上"第二轮班"。阿莉·拉塞尔·霍克希尔德在1989年出版的《职场妈妈不下班》(*The Second Shift*)一书,描述了在日常工作之后仍然存在的家庭责任。[1] 家庭里发生的事情对你的成功同样重要,甚至比工作中发生的事情更为重要。一个支持你事业的伴侣和一个不支持你事业的伴侣之间的差别是巨大的。

像计划婚礼一样计划你的婚姻

亲密关系会影响你的长期职业前途。选择与支持你梦想的人约会并结婚，这个决定可以改变你的人生轨迹。这个选择在每一天，在大大小小的事情上都有所体现。

在我和戴维约会期间，我们参加了一次婚姻研讨会，并进行了一项关于我们对婚姻期望的详细调查。当时我们已经交往了三年，但那项调查迫使我们直面我们在伴侣关系中带入的隐藏成见，这些成见自然会延伸到我们的婚姻中。尽管我们有很多共同点，但关于家庭运作方式的基本设想仅仅只是一种想当然，我们从未谈论过这些问题。我清醒地认识到，我为了与大学室友匹配而进行的综合调查比选择人生伴侣所做的还要多。看到这些白纸黑字的答案，我们俩不得不探讨彼此对婚姻现实的根深蒂固的看法。

虽然我们成长于类似的家庭，但我们的父母却大相径庭。戴维的父亲是家庭中的主力，而我的母亲则是家里的"领导者"。戴维一直认为他婚后将承担起传统的养家糊口的角色，并成为主要的决策者。我则默认我们的婚姻更像我父母的婚姻，即由母亲做最终决策。我们关于各自角色的谈话让我们看到了双方即将共同面临的重大挑战，也让我们更好地理解了彼此的设想，它也揭示了许多看似不起眼的分歧背后的根源。

据统计，美国夫妇平均花费近 3.4 万美元举办婚礼。在许多地方，这几乎是夫妻年收入的一半。[2] 而且他们花在订婚上的时间平均约为 13.5 个月。[3] 在策划婚礼的时间里，小夫妻们有多少时间用来讨论他们的婚姻将如何运作？在我们的社会中，我们用数月，甚至数年的时间来筹备和庆祝婚礼，而这一切都只是为了特定的一天。如果我们以同样的方式来计划和准备婚姻呢？我们把数周的时间花费在选择完美的蛋糕、花束的外观和第一支舞的音乐等事情上。想象一下，如果我们花费同样多的时间来探讨如何合并我们的财务、支持彼此的事业，又会是如何。

小女孩从小就梦想着婚礼，而不是现实的婚姻。然而，婚礼会成为遥远的记忆，而婚姻却会改变我们未来的整个人生之路。

从婚礼到第二轮班

女性在职场上的成功始于家庭。想象一下，有两位女性，她们都有两个孩子，并处于事业生涯的中期。她们各自嫁给了同样成功的配偶。其中一位女性的丈夫承担了一半的家务管理和育儿负担，另一位女性回到家里又会开始"第二轮班"，准备晚餐、盯着孩子们的学习和处理家务。那么，哪位女性的心理负担更轻，更能够专注于自己的事业？

这种额外的负担是一个真正的问题。美国劳工统计局的《美国人时间使用调查》显示，女性平均每天比男性多花费 2 个小时以上在家务和照顾孩子上，分别为 5.7 小时和 3.6 小时。[4] 即使是那些夫妻双方每周都至少工作 35 小时的家庭，女性在家里的工作时间仍比男性多 1 个小时。这主要是由于性别角色的分配模式决定的：女性承担日常家务，如烹饪和清洁；男性则承担较少的家务，如倒垃圾和修剪草坪。

家务分工的不平等从两人恋爱期间就开始了，但孩子的到来进一步加剧了这种不公。6 岁以下孩子的母亲会减少工作时间来承担更多家庭责任，而父亲则不会。这意味着母亲的工作时间更少，通常是在她们晋升管理层的时期。[5]有人猜测，或许女性的野心不够大，但数据并不支持这一观点。在一项对20万名职场人士进行的调查中，女性和男性表现出同等程度的雄心壮志，但随着事业发展，女性遇到了更多的障碍。[6]这并不是说女性自身缺乏雄心，而是家庭和工作压力的双重负担使得她们失去了动力。

"第二轮班"在许多方面都阻碍了女性的发展。对6个西方国家的研究表明，每个国家女性的收入在她们生育后都会大幅减少。在美国，女性生育前后长期存在30%的收入差异。[7]

2012年的《大西洋月刊》中，安妮·玛丽·斯劳特刊登了一篇题为《为什么女性仍然无法拥有一切》的文章，表达了许多职业女性的矛盾心理。在我们的社会，女性在职场上面临重重障碍，而成功的一个重要因素就是有一位支持自己的伴侣。她写道："如果没有我丈夫安德鲁·莫劳夫奇克——普林斯顿大学政治与国际事务终身教授的支持，我不可能成就如今的事业。"[8]尽管拥有伴侣的支持只是等式的一部分（斯劳特强调，女性仍然面临结构性挑战），但它无疑至关重要。试想一下，如果没有伴侣的支持，你将如何到全球各地出差。

在安妮·玛丽的文章发表3年后，她的丈夫安德鲁也在《大西洋月刊》上发表了一篇题为《为什么我把妻子的事业放在第一位》的文章。他讨论了自己如何成为所谓的"首席家长"，使妻子能够在家庭之外取得成功。[9]这些文章强调了一个我们经常忽略的现实——家庭生活并不是与工作分离的领域。对于女性和男性来说，它既可以是成功的障碍，也可以是成功的助推器。

孩子是巨大的分水岭

在我们的第一个孩子出生之前，我和戴维有着平等的伴侣关系。我们结婚快 5 年了，在此期间，我们都在硅谷发展各自的事业。但即使是最平等的婚姻，孩子也会挑战所有关于这种关系的假设。

有孩子之前，我丈夫从来没有给婴儿换过尿布。他几乎没有花时间和任何孩子相处过，更不用说婴儿了。作为独生子女，他比我更想要孩子，而我却持怀疑态度。在我们的婚姻中，我们是完全平等的伙伴。同样地，我们在情感上相互支持，从未让任何一方的家务负担过重。尽管如此，我还是担心他在做父亲方面不够积极主动，担心我们会陷入我们父母那样传统的婚姻模式。

这并不是一个理论上的担忧。根据 2017 年光明地平线公司（Bright Horizons）的调查，86% 的职业母亲表示她们"承担了所有家庭责任"。她们负责日常家务的可能性是其他人的 2 倍，照顾孩子的可能性是 3 倍。即使是作为家庭主要经济支柱的女性，也比赚钱养家的丈夫更有可能负责家务。[10] 这些数据让我在面对即将到来的母亲角色时停下了脚步。无论我与戴维之间的伴侣关系多么平等，我们都面临着生儿育女可能会打破这种平衡的可能性。

在经历了压力重重的孕期后，2006 年乔纳森出生了，戴维很快就爱上了他。当我在等待硬膜外麻醉效果消退时，护士进来向戴维演示如何换尿布。我以为戴维会犹豫不决，但戴维认真地听着，为孩子更换了他人生中的第一片尿布，然后说："即使我们不知道该怎么做，但他还是让我们这样做了，真是不可思议。"

住院期间，戴维会站在新生儿床前，凝视着乔纳森，轻声说道："他是世界上最可爱的宝宝。"

我回答道："我相信其他父母不会同意这一点。"

戴维回答："那他们就错了。"

尽管我们都很喜欢乔纳森，但我们很快注意到他有些不对劲：他吃奶困难，哭泣数小时不止，每次喂完奶都会吐出大量的奶。这种无休止的喂食、哭闹和呕吐的循环使我和乔纳森双双崩溃。我们从平等的婚姻关系进入了一个未知且可怕的领域。我只能靠少得可怜的睡眠和一个我无法安抚的婴儿勉强度日。每面临一个障碍，我的焦虑感就增加一分。

正是在这段紧张的时期，戴维给了我惊喜。我记得他对我说："你负责孩子吃什么，我来负责孩子拉什么。"他一直坚持着。最终，他换掉了我们3个孩子90%的尿布，并且从未动摇过这个承诺。后来，乔纳森被诊断出患有一种婴儿反流症，这使他难以习惯哺乳和保持奶量，于是戴维将抽出来的母乳，随时喂给他。后来，他也为我们最小的孩子做了同样的事情。现在，他还开玩笑说，这两个孩子更喜欢他而不是我，因为每个宝宝都知道他们的奶水从哪里来——当然是爸爸。

我认为我的丈夫是非凡的，从很多方面来说他都如此；但我们婚姻关系的本质也是不同的，因为我们一开始就设定了这样的状态。

婚姻中的很多不平衡都源于最初设定的期望。一旦你陷入某种模式，要摆脱它就更困难了。因此，在婚姻关系建立时有意识地去进行规划是非常重要的。夫妻在婚姻中所做的许多事情都是基于他们当初相遇和走到一起的方式，基于父母的期望以及无意识地陷入的未被觉察的习惯所形成的模式。

家庭管理本身就是一项任务。有些男性会问妻子："如果你需要帮忙，为什么不直接问我呢？"但是跟踪任务的过程是一项巨大的精神负担。在平等的婚姻关系中，夫妻双方都应独立完成自己的任务，并相信对方正在尽力而为。没有要求，当然也就没有纠缠。

关于唠叨的一点说明

大众媒体经常将女性描绘成唠叨着让男人做家务的样子。许多女性不断的询问和提醒，会让人觉得她很唠叨，但不去问就意味着自己要承担更多的工作。如果这种动态在婚姻中占据主导地位，那么这种婚姻关系就是有害的。如果你曾因为唠叨而与伴侣争吵，不要把它当作你性格上的缺陷，你只是缺乏明确期望和一致性。相反，你应该关注问题的根源——你处于一个人在管理另一个人的状态中，你们已经脱离了平等的伙伴关系。

旧习难改，所以不要让惯例变成老习惯

在就读法学院之前，戴维很少自己洗衣服。他的父母30多岁时才结婚，而且他提前了一个多月出生。由于担心再次早产，

他的母亲决定只生这一个孩子。因此，戴维的父母非常宠爱他，甚至为他单独做饭，因为他不喜欢吃中餐。上大学时，他选择了离家不远的北卡罗来纳大学教堂山分校。周末回家时，他便让妈妈为他洗衣服。

我们约会的时候，我很少注意到这些细节。我们异地恋了好几年，直到结婚后搬到加州，我们才开始真正生活在一起。几个月后的一天，我和他一起去拜访公婆。在家里，我负责洗衣服（通常只有当我们快没衣服穿时才会洗），但总能洗完。戴维总是很仔细地把他的衣服放进篮子里，并在我叠完之后收起来，而我从未察觉出任何问题。在拜访公婆时，我看到戴维把他的脏衣服成堆地扔在地上，他妈妈路过我们的房间，就会把它们捡起来，放到洗衣机里，好像这是世界上最正常的事情。我以为这只是个例外，但后来又发生了同样的事情——他把一些衣服放在走廊的栏杆上，然后它们就消失了，在我们的行李箱里重新出现时，衣服已经被洗好并叠好了。

我问戴维发生了什么事，为什么他不能把脏衣服放到楼下的篮子里。他回答说："哦，我甚至没有注意到。我想我只是无意识的旧习惯。"

再强调一遍，这是一位毕业于哈佛法学院的律师，他回家后把脏衣服扔在地板上，让他妈妈帮他洗衣服——这是他和我在一起时根本不会做的事。同样是那个负责大部分账单和所有杂货购物的伴侣，我感到困惑，直到意识到改变的不是他本人而是环境：他从小养成的习惯是如此根深蒂固，以至于即使没有注意到也会回归原有的模式。

这是所有亲密关系中的一个特点。从一开始设定的任何模式都会成为长期走的老路。当关系出现问题时，比如搬到新地方、换工作或迎来第一个孩子时，角色就会被重新调整和重置。伴侣间相处的方式可能会改变，但这也是重新协商双方不满意之处的机会。

在我们的第二个孩子贝萨妮出生后不久，我在休产假期间和家人一起外出度假。在此期间，我收到了一个来自贝宝的一个老同事的邮件，他问我是否有兴趣加入脸书这个热门初创公司的新团队。当时脸书只有不到1 000名员工，每个人都不停地工作，但他们正在做的事情令人兴奋。

在那次旅行中，我们探讨了从事这份工作对我们的家庭意味着什么。大儿子乔纳森出生后，我开始做兼职工作，每周4天的工作意味着我主要负责管理家务和孩子们的日程安排。我和戴维都知道，如果我要承担一个新的工作角色，这种情况就必须改变。

我们花了一整个周末一起重新规划我们的责任。戴维负责接送孩子，接管账单，并恢复了像在我们婚姻早期那样购物的职责。这种调整后的分工意味着我可以自由地追求更具挑战性的机会，而不会感到内疚。

我们冒着批评会削弱平衡的风险

我丈夫戴维是一个洗碗机狂热者，但我们有一个协议——一个人做饭，另一个人负责洗碗。每次轮到我洗碗时，我总是很焦虑。按照戴维的说法,每一次使用洗碗机都必须完全装满并摆放整齐,确保所有盘子都朝向正确的方向。我从小就没有使用过洗碗机,所以我结婚时算是洗碗机新手。戴维对我装洗碗机的方式进行了评判,结果我总是等到他洗澡或用电脑时再去做这项工作,因为我不想被批评。

这种情况在许多婚姻中都很常见。如果一个人更关心某件事情,比如卫生间的清洁程度或换尿布方式,他们往往会纠结于此,导致另一个人放弃了。大多数女性在新生儿早期都会请假在家,因此她们会形成一些固定的日常习惯。大多数父亲在这一时期请假较少,更被动地参与其中。模式就是这样形成的——妻子最终会计划和管理家庭的方方面面,而丈夫则退居幕后。随着这些习惯的形成,它们会在你们之间造成不平衡,而且很难调整过来。

这种不平衡在家庭的许多其他方面也是如此。2019年,一组社会学家进行的一项研究发现,与单亲妈妈相比,已婚女性在家务上花费的时间更多,[11]而她们照顾孩子的时间是相同的。

想一想,已婚女性比独自抚养家庭的女性在家务上花的时间更多。女性在家庭和家务方面承受着如此深切的期望,以至于她们在婚姻中投入的时间比没有伴侣时投入家庭的时间更多。如果女性想要在工作中茁壮成长,她们就需要更多的家庭支持。

在孩子出生的前3年里,我兼职工作,所以我承担了大部分家务。然而,当我回归全职工作时,我和丈夫便努力恢复更公平的夫妻分工。但这并不适用于大多数女性。在产假期间,女性肩负着许多家庭责任,即使回到工作岗位后也仍然如此——这种情况可能会持续数年。

泳道婚姻

看到这些数据会让人感到沮丧,特别是对于那些想要平衡事业和家庭的女性而言。值得庆幸的是,有一个解决"第二轮班"的方案,我称之为"泳道婚姻"。"泳道图"(指划定谁做什么的流程图)一词来自吉尔里·鲁姆勒和艾伦·布拉什1990年的著作《提高绩效》(*Improving Performance*)。[12] 这一理念不仅关注需要完成什么任务,还关注由谁来完成,以及在何处责任可能会出现问题。

"泳道婚姻"是指丈夫和妻子各自承担心理和身体负荷的一种婚姻关系,每个人都对家庭生活中自己的角色(即"泳道")负有独立的责任。这并非解决婚姻生活中一切挑战的万能药,但它的确为你提供了一个消除"第二轮班"的方法。

这种有意识的伴侣关系要求夫妻双方明确沟通彼此的期望,事先决定分工,同样重要的是,一定要坚持下去。你不会期望同事为你承担起工作责任,并指导你如何完成工作——在家庭中也是如此。作为妻子,你不应该独自负责管理家庭生活和分派任务。相反,想象一下你和伴侣之间存在着互信和共识的婚姻关系。事先决定需要做什么,然后分工合作,不需要提醒,也不需要互相监督。这只有在你们彼此同意放弃批评何时以及如何完成任务的权利时才能奏效。

在我们家，我丈夫会精心计划所有假期旅行，而我则负责和孩子们一起打包和整理行李。这就是我们各自分工的方式。戴维负责孩子学校注册、接送等事宜，而我则管理孩子的医疗需求，如开处方药、看医生、牙科及眼科检查等。他支付账单，而我负责处理邮件。我们平分烹饪工作，但他负责购买所有杂货，我则管理孩子们摆放和清理餐桌以及装卸洗碗机。我负责修理房屋里出现的问题，而戴维则处理汽车问题。我们不断地重新协商我们的职责范围，以适应变化，从未让任何一方感到不公平。

关于不平衡的伴侣关系或单亲家庭的说明

不幸的是，并非每个女性都能拥有"泳道婚姻"的好处。许多女性生活在没有平等伴侣或根本没有伴侣的现实中。截至2016年，1/4有孩子的家庭由单身母亲主导，7%的家庭由单身父亲主导。[13] 在异性婚姻中，无论谁是家里的经济支柱，平衡似乎都难以实现。"随着妻子对丈夫的经济依赖程度增加，女性往往会承担更多的家务。但是，经济上越依赖妻子的男性，他们做家务的时间就越少。即使是那些丈夫失业的女性，她们在家务方面花费的时间也比配偶多得多。"[14] 这种不平衡在疫情管控期间更加明显，当学校突然关闭时，1/3的母亲减少了工作时间或完全辞职，以承担更多的家庭责任。[15]

我们很容易把伴侣的付出视为理所当然。在过去的几年里，戴维一直接送丹妮尔上下学。在她结束疫情期间的线上教学回到校园后，他早上7:45将她送到学校，下午2:30接她放学，并给她做点心，然后在下午 3:30 开车送她去中文学校。下午 5:45，他会接她回家。虽然他从来没有抱怨过每周要进行 20 次这样的行程，但他每天都花费一个半小时来接送她。有一次，他因工作需要外出几天，把这些工作交给了我。尽管我之前认为自己已经理解他的工作日程有多复杂，但直到我独自肩负起全部责任时，才真正明白这需要付出多大的努力。

你和伴侣寻找更平衡的关系方式之一是尝试交换职责，以获得新的视角。这种建立同理心的方法是创造更公平伙伴关系的第一步，也是最好的方法。如果你的伴侣没有履行自己应该做的部分，将任务搁置不管，而不是主动接手。这可能是一项挑战，但它可以帮助你了解自己的责任，也会让你的伴侣意识到他们尚未注意到的不平衡。有时候，仅仅看到职责不公平的分配就足以唤起我们做出改变，或重新分配任务。

另一种方法是寻找转折点，即生活需要重新协商的时刻。有一天，我在脸书团队中担任市场总监的尼哈·乔加尼来告诉我，因为多次遇到棘手的育儿问题，于是她决定辞职在家里照顾孩子。我知道她有多么热爱自己的工作，但我也看到了她在应对一份要求高、灵活度有限的工作和两个年幼孩子之间的平衡时，已经精疲力竭。当时她说："我别无选择，现在的我必须把家庭放在第一位。"

我恳求尼哈考虑在情况改变后重返职场，并建议她不要让这个问题毁了她的事业，因为我知道她有望成为未来的高管。尼哈的丈夫是一名投资者，经常出差。虽然他们很恩爱，但丈夫繁忙的日程安排意味着她必须成为家里主要的甚至是唯一的育儿者。尼哈在她事业达到巅峰时离开了一个高要求的职位，开创了自己的道路。为了保持职业上的相关性，她参加了非营利组织志愿活动，为各种公司提供咨询，接着又加入了两个董事会。这使得她能够灵活安排时间，优先考虑孩子，并且在丈夫频繁出差期间，生下了第三个孩子。

在疫情封控期间，尼哈经历了一次转变——她的丈夫在家工作了。自孩子出生以来，他第一次意识到尼哈为家庭的运转付出了多少努力。由于不用出差，他可以和家人共度更多时光，找到与尼哈合作的新方式。同时，疫情也让担任领导的人可以远程工作，这是之前不可能实现的。这个转折点使尼哈能够重新回到一个具有挑战性的运营职位，如今她是罗布乐思公司（Roblox）的市场副总裁。如果没有疫情颠覆他们的生活，这个新角色是不可能出现的，这种情况使得他们能够重新协商作为伴侣的角色。

我希望世上有一种灵丹妙药，可以改变这种家庭中不平衡的关系。但是，通过建立同理心、利用生活中的转折点和分担责任，你可以让自己的婚姻达到更好的平衡。

不幸的是，平衡并非总能达成。如果你的伴侣有一份极具挑战性的工作，你们生活在一个不支持平衡伴侣关系的文化中，或者是独自抚养家庭，那么这一章可能会让你感到沮丧。这个额外的"第二轮班"工作是你每天都要承受的负担，它可能会对你的工作和职业前景产生负面影响。

虽然没有简单的解决办法，但寻找一个家长友好型的工作场所是关键的第一步。有些公司对工作时长的要求极高，文化氛围也是全天候运转。如果你在工作之外没有得到支持，那么就很难取得成功。当你在家里缺乏平衡时，工作场所的灵活性和支持文化就显得尤为重要。

除了工作场所的规范外，确保你在为一个注重产出和生产力，而非单纯关注时间或面子的上司工作，也是至关重要的。在一年内，曾有 3 位向我汇报工作的女性宣布她们怀上了第二个孩子。她们对这个时间点感到焦虑，但作为一个有三个孩子的人，我为她们感到高兴。我调整了她们的工作安排，并提供了一些后备支持，让她们休完全薪假。后来，其中两个人找到我，向我提出她们必须在下午 4:30 离开以乘坐班车去接孩子。这引发了团队讨论。我们意识到我们经常在下午 5 点举行活动，而那些住得更远、有孩子的人则被排除在外，因此我们把活动时间提前了。这些员工非常有价值和高效，作为经理，我希望确保她们得到支持并成长。并不是每个经理都愿意或能够做出适应性调整，但很多人可以做到。找到一个了解你的需求并在家庭要求下仍然支持你的人，那么你即使身处育儿早期阶段，也能在工作中茁壮成长。

以你的伴侣为基石

许多女性倾向于将工作和个人生活视为两个独立的领域，这是错的。实际上，两个世界紧密相连——家庭中强大的伴侣关系是你建立职业生涯的基石。稳定坚实的基石使你敢于冒险并做出艰难的选择，而脆弱不稳定的基石则会限制并阻碍你前进。

如果邢立美没有一个支持她的丈夫作为她每晚写作时的鼓励者和建议伙伴，她就不可能写出畅销书。她的丈夫安德鲁十年来不断鼓励她写作，在她签下第一本图书合同之前，夫妻双方在科技领域都事业有成。这一切让邢立美即使遭受数十次拒绝后仍有信心坚持下去，直到听到出版商第一个"是"的回答。

好莱坞制片人哈维·韦恩斯坦的性侵受害者罗威娜外出探亲时，《纽约时报》调查记者、《她说》一书的作者约迪·坎托尔突然造访了她家。为保护尚未准备好分享自己经历的妻子，罗威娜的丈夫安德鲁·张拒绝了约迪的请求。后来，他帮助罗威娜找了律师，回答记者提问，并出面应对关心她的朋友和家人。

当罗威娜最终决定公开自己的故事时，她花了6个月的时间带着孩子环游世界，为性侵受害者发声。罗威娜在脸书全职工作的同时，安德鲁负责照顾3个孩子，每晚为他们准备第2天上学要用的东西，哄他们入睡。他理解妻子工作的重要性，始终支持着她。

安妮·玛丽·斯劳特的丈夫承担了照顾孩子的大部分责任，让她得以成为《财富》杂志最具影响力的女性之一。诺娜·琼斯的丈夫是她的合作牧师。费姬·西莫的丈夫全职在家里照顾他们的女儿，这样她就可以安心工作。

如果没有戴维的支持和鼓励，我在事业上也不可能取得现在的成功，也不可能有时间和精力参加全职工作、创办非营利组织、抚养3个孩子并写下这本书。

许多成功女性背后都有自己的丈夫提供稳定的支持，这使她们能够茁壮成长。她们的丈夫是全面负责的伙伴，鼓励妻子获得成功。

我所做的最好的职业决定是在 19 岁时选择与戴维约会，并在 24 岁时嫁给他。自那以后，他不断激发我释放潜力，推动我去冒险，帮助我发展事业，同时分担家务和养育孩子的责任。"泳道"让我们能够拥有一个相对公平的家庭氛围和没有怨恨的和平婚姻。

强大的伴侣关系是建立婚姻、家庭和事业的基础。夺回你的职场权力意味着在家庭中找到平衡，以便在工作中茁壮成长。

工作和家庭是生活的两面，当它们和谐共处时，两者都可以茁壮成长，但是若是失衡则会互相影响。因此，找到工作和家庭的平衡点，将使你释放内在的全部潜力。

规则 9

倾听内在的声音,勇敢发声

就像指纹一样,你的声音也是独一无二的。

——刘绮琪

我的父母一直教育我，不要太引人注目。他们告诉我，努力工作就足以证明自己的价值，而且不应该让别人对自己产生过多关注。作为移民，在异国他乡谋求一份安稳的生活是他们的重心，希望避免受到太多关注或评论。作为基督徒，他们强调谦逊和谨慎的美德。我在成长过程中也深受这些教诲的影响，沉默也成为我的一种生活方式。保持安静意味着保持安全，不冒任何风险。

我在洛丽华人基督教会认识了我的丈夫，他的父母是该教会的创始成员，他也在那里度过了儿时大部分的时光。在那个时代，美国南部的华人教会体现出一种宗教、文化和社会保守主义的混合，这些教会是以帮助它们崛起的美国教会为蓝本而创立的。我在南方浸信会和长老会中长大，对那些规范和期望很熟悉。然而，教会中的许多女性都是领导者，包括我的婆婆。

几年后，我和戴维在亚特兰大华人基督教会开始接受必要的婚前辅导。在其中一次辅导中，我们分享了一个好消息——我被斯坦福大学商学院录取了，并打算在结婚后与戴维一起搬到加州。这个喜讯却让人感到沉重。曾经为我们提供辅导的英语会众的牧师严厉地责备了戴维。20年过去了，他的话至今仍萦绕在我心头："你为什么要跟着刘绮琪去加州让她读研究生？"他质问道,"你应该有更好的职业发展。她应该准备好待在家里照顾孩子。"

我不知道该说什么。当时我 23 岁,已经订婚,梦想着读研究生。而这个牧师却告诉我,我们的共同计划是违背了上帝的意愿。我呆坐在那里,无言以对,尴尬和羞耻涌上心头。我的脑子中闪过各种念头:"如果他是对的怎么办?如果我正在伤害戴维怎么办?如果这违背了上帝的计划怎么办?"我为实现自己进入梦寐以求的学校付出了如此多的努力,此时却感到沮丧和泄气。

我们教会和种族的保守主义像一座不可动摇的大山横亘在我面前,面对这种情况,我什么也没说。在我们的教会中,女人应处的位置是家庭和炉灶,然而像我母亲和婆婆这样的女性榜样却形成了鲜明的对比。她们离开了家园和熟悉的一切,来到美国重新开始,为了获得学位而努力工作。许多女性都像她们一样坚韧不拔,包括我们教会中的许多女性领导者。然而,这里却站着一位牧师,说她们都是错的。

当我和戴维后来交谈时,我的羞耻感变成了愤怒。他向我保证他对我们的搬迁的承诺,并表示这位牧师所说的任何话都不会改变这一点。但是,我成长的过程中一直被教导要顺从教会和它的教义。我怎么能允许自己违背它们呢?

戴维鼓励我联系高级牧师,指出这些矛盾之处。于是,我们与华人牧师杰弗里·卢坐下来,分享了英语会众的牧师所说的话。他笑了笑,指着他的妻子——一位极有信仰的杰出女性。他给予了我们祝福,并同意主持我们的婚礼。当年晚些时候,我和戴维结婚了，一周后搬到加州开始了新生活。

我意识到，我的声音很重要，不仅在我和他人的关系中，甚至在教会内部也是如此，而这个地方曾经被我认为是一座巨大且不可动摇的堡垒。我一直被教导要尊重权威，但是通过这次经历，我学到了一个重要的教训：我们的声音可以用来质疑现状和寻求真相，而不是盲目服从。

学会大声表达

正如我在第 2 章所讨论的那样，生活并不是在安全的边缘度过，它会发生在你在冒险甚至是恐惧的时刻。脸书的许多会议室墙上都贴着一张海报，上面写着："如果你无所畏惧，你会做什么？"

我们关心别人对我们的看法。我们担心他们如何看待我们的行为，如何评判我们的选择，以及如何衡量我们的成功。在会议上，我们会想知道自己的评论是否足够有见地，在反思其他更有影响力的人对我们说的内容。

当我刚到脸书时，我加入了一个名为"消费者变现"（consumer monetization）的团队，目标是建立除广告之外的变现模式。接下来的两年里，我们制定了一个产品策略，后来成为"脸谱币"和脸书游戏平台。因为我们从一开始就有一个相对固定的战略，所以大部分高管的更新都是关于我们的数据、方法和迁移计划的讨论。我们坚持按照明确的时间表，按部就班地交付一个又一个目标任务，最终建立起价值超过 10 亿美元的生态系统。

这款产品在公司上市后将占据约 15% 的公司收入。

当我们抬起头环顾四周时，我们意识到并没有人注意或在意。

尽管根据客观目标来看，该产品非常成功，但我们在更重要的事情——讲故事上失败了。之后，团队基本上解散了，大多数成员继续在整个组织内开发其他产品。但我从未忘记那一刻，我意识到我们已经交付了对公司未来至关重要的东西，却没有人注意到。

我沮丧地休完最后一次产假，回来后我一直在考虑是否要找到一个新职位。此时，公司即将上市，而我已经度过了 4 年归属计划中的两年多。尽管我感到非常沮丧和不高兴，但我知道在向外探索之前必须再坚持 18 个月。两年半的时间里我在 7 位经理手下工作过，感觉自己已经在公司中迷失了方向，不确定接下来该怎么做。当年我加入这家公司时，员工数量还不到 1 000 人。几年后，公司规模扩大了 3 倍。在父亲去世和刚出生的宝宝患上肠绞痛的挑战下，我感到更加迷茫。考虑到公司即将进行首次公开募股，并且我还有 18 个月的首次授予股票未兑现，我犹豫不决，不知道如何是好。

2012 年 5 月的首次公开募股将股价定为 38 美元，但那一年秋天，股价下跌至不到原始股价的一半。我被要求负责移动端盈利。当时，"移动端盈利"是指广告。起初我拒绝了，我从未涉足过移动或广告领域，我的背景主要是商务和支付，在很大程度上都集中在桌面端。但我必须等待最后的 18 个月，所以我同意至少制定一项策略。就在那时,我遇到了该产品的第一位工程师维杰耶·拉吉。我们花了整整一年的时间研究各种移动端盈利模式,最终推出了名为"移动应用安装广告"(Mobile App Install Ads)的产品。然而,在刚开始推广时,我们遇到了很多困难。由于缺乏市场需求数据,我们只能通过描述该产品与其他产品不同之处来帮助用户理解它的特点。

"脸谱币"和脸书游戏的教训像幽灵一样笼罩在这个新项目上。我们决定不提供事实和数据,而是分享一个故事。我们解释了如何构建一个应用程序发现平台,帮助开发人员找到他们的受众。这款产品最终为公司创造了几乎相同的收入份额,但市场反响与"脸谱币"和脸书游戏截然不同。尽管我们的第一个产品被大多数人遗忘了,但新产品却成为公司传奇的一部分——这是脸书上第一个成功的广告垂直领域,公司随后建立了许多以此为模板的亿万美元业务线。

这些产品在实质上并没有太大的区别,但通过吸取第一个产品的经验教训,我学会了如何找到自己的声音,我亲身体验到讲故事对于塑造认知和机遇的力量。

寻找内在的声音

有时,过去的经历教会了我们压抑自己的声音,不敢开口说话,或隐藏自己的失败。这种保护机制一直在发挥作用,直到达到极限,如果不分享全部真相,我们就无法真实地生活。

曾任脸书全球营销解决方案副总裁的卡罗琳·埃弗森不得不

学着找到自己的声音——不止一次，而是两次。作为媒体和科技领域的变革性领导者，她在过去20多年中曾带领维亚康姆公司（Viacom）的广告销售团队，并负责微软公司全球广告销售和战略。但是，她对所有认识她的人都保守了一个秘密——她创立了宠物网（Pets.com），这是20世纪90年代末互联网热潮中臭名昭著的互联网品牌。之后的10年里，随着她事业的发展，几乎没有人知道这件事。

在哈佛商学院学习期间，卡罗琳决定将她对宠物的热情和对科技的兴趣结合起来，她构想了一个在线服务的愿景，帮助人们照顾他们的宠物。她找到了宠物网网址的所有者并提出购买。作为回报，对方提议与她共同创立公司。在筹集了一轮风险投资后，卡罗琳的主要投资者找到了一位首席执行官来领导公司。卡罗琳飞到加州与她会面，以便更好地了解她。在一次灾难性的会议后，双方显然就公司的愿景存在分歧，卡罗琳回到了波士顿。"当我回到宿舍的时候，我发现自己已经被自己的公司开除了——而且是通过传真的方式！"她这样描述道。

从那时起，卡罗琳从公司的故事中跳脱出来，继续前进，利用她的经验在多家媒体和科技公司建立起具有变革性的职业生涯。当她开始在脸书工作时，她意识到自己不仅仅想成为一位卓有成效的领导者，还想成为一个彻底展现开放和真实性的领导者。因此，她决定分享令她自尊心最受挫的事情。

站在舞台上，在她的团队成员面前，卡罗琳重新回顾了自己的经历，讲述她如何创立宠物网并被解雇，以及这些经验如何使她成为更好的领导者。她的坦诚激发了团队成员的复原力，他们也开始勇敢分享自己克服失败的故事。

分享了自己的失败经历后，卡罗琳相信她寻找内在声音的旅程已经结束。在2021年6月的某一天，她离开了脸书。脸书曾是她的人生的重要组成部分，而且她的身份与公司的身份紧密相连。她曾是团队的代言人，对全球客户传达公司的声音。10年来，她带领脸书团队从不到20亿美元的收入增长到800亿美元。她欣然接受了公司的一切，并做出了很多牺牲，每年为达成业务而出差超过40周。但她最终意识到，自己想要的比公司能提供的更多，并且准备摆脱被安排在"销售领导者"框中的束缚。所以，她放弃了这一切。

卡罗琳宣布离开，踏入了未知的领域。她自13岁起就开始工作，这是她第一次在没有任何准备的情况下迈出一大步。她唯一确定的是想找到一个"销售"不再是"领导者"的修饰词的角色。离开她热爱的工作和团队需要勇气——继续留下来很容易，但展翅高飞非常困难，她必须重新找回自己的声音。

卡罗琳开始花时间在她多年来所熟知的世界之外找到自己的立足点。她意识到，她长期以来从未为自己发声，而是与她的角色和公司相关联。通过重新发现和重建自己的身份，她意识到自身远比处在某个职位更重要，没有公司品牌或高级头衔的束缚，她也可以完整地生活。卡罗琳承诺要写一本书，讲述作为女性的她在男性主导的销售行业中的经历，以及她独特真实的领导风格是如何改变团队和整个领域的。

作为女孩，我们被教导的内容

作为女孩，我们中的一些人被教导要保持沉默。我们在成长过程中学会了压抑自己的意见，否则就会被评判。然而，当我们看到那些成功人士时，他们都是大胆的领导者，总能发出强有力的声音。

艾琳·李通过艰苦的人生经历学到了这些教训。作为移民家庭的孩子，她学会了保持沉默。从麻省理工学院毕业后，她在摩根士丹利找到了一份金融分析师的工作。在那里，她偶然听到男性分析师谈论风险投资，但这似乎对当时的她而言太遥不可及了。于是，她进入了哈佛商学院就读。1997年毕业后，她加入了盖璞（Gap）公司的团队，专注于将该公司转型为线上运营。当时正值电子商务发展的早期阶段，她对技术和行业知之甚少。

有一天，艾琳接到了风险投资公司凯鹏华盈（Kleiner Perkins）招聘人员打来的电话，询问她是否愿意面试非合伙人级别的助理职位。硅谷大佬约翰·杜尔特别要求招聘人员寻找女性候选人。艾琳犹豫了一下，这家公司的投资团队中没有女性，而她将是成为这家历史悠久的公司的第一位女性投资人，所有人都会关注着她。在深思熟虑并得到女性朋友的鼓励后，她决定冒险接受这份工作。

当艾琳来到凯鹏华盈时，她注意到了一些事情：这个行业的许多男性已经形成了一个紧密的社交圈子，他们拥有更多共同的兴趣爱好。风险投资感觉像是一个"老男孩俱乐部"，而她却是局外人。艾琳是那种不合群的人的代表——她是最年轻的,以前没有在风险投资支持的初创企业工作过;她是唯一的女性,并且不是工程师。在这种苛刻的文化审视下,艾琳感到几乎没有获得支持或犯错的余地。她很少被邀请参加社交活动,大多数合伙人都是比较年长的已婚男性,邀请一位年轻女性参加活动很可能让他们感到不自在。合伙人会邀请男性同事去他们家,和他们一起飞往拉斯维加斯,在球赛中一起玩乐,而艾琳并没有获得她后来意识到对晋升至关重要的机会。相比之下,合伙人可能在她的男性同行身上看到了自己的影子,艾琳和其他最终加入公司及其他公司的女性则都感到被排除在外。

"当时风投行业的态度是,可能有成千上万的人想拥有我们这份工作,所以女性不应该抱怨,"她解释道,"我不想被视为难搞的人,所以对于任何轻度冒犯、骚扰和不同的待遇都保持沉默。为了能在我们的职位上生存,我们心照不宣——如果我们让合作伙伴感到不自在,他们就不太会愿意和我们合作,而我们得到的机会就更少。"

正如我之前提到的,风险投资作为一个行业,一直由男性主导。如今,在风险投资领域,只有不到10%的投资者是女性,并且只有很少一部分基金由女性创立和领导。[2]

多年来,艾琳一直试图保持沉默以求生存。她知道,在现实生活中,男性往往会从提出质疑中得到好处,而女性(尤其是少数族裔女性)则不然。作为一名初级助理,她观察过很多创始人来公司进行推销,她做了大量的笔记,详细地记录下自己的观察。

她意识到，自己的洞察力和直觉是正确的。慢慢地，她学会了发表自己的看法，起初还有些犹豫，但随着时间的推移，她变得越来越坚定。"我花了很长时间才找到自己的声音。"她回忆道。

2012年，她已经加入公司7年之久的同事兼朋友埃伦·保没有获得高级合伙人的职位，尽管约翰·杜尔曾向她承诺过。与此同时，几位男性得到了晋升。那一年，埃伦以性别歧视为由起诉了凯鹏华盈。[3] "埃伦非常勇敢，"艾琳回忆道，"站出来抱怨不公平待遇的女性，正在与拥有大型律师事务所和雄厚资金的大公司进行一场艰苦卓绝的斗争。尽管她没有赢得胜利，但所发生的事情已经成为公共记录，从很多方面来说，这是我们行业里具有里程碑意义的案例。"

同年，艾琳成立了自己的风险基金——牛仔风险投资公司（Cowboy Ventures），并在那里找到了自己内心真正的声音。多年来，她一直克制自己，无论是默许还是明示都提醒着她的位置。现在，没有大公司的限制，她能够公开说出关于行业中性别和种族不平等以及女性所处的位置。她指出了这些挑战，包括非正式网络如何为女性创业者和投资者创造不平等的竞争环境。她解释道："我有机会在没有传统权力机制的情况下重新开始。我找到了自己的声音并学会了大声表达。"

在2017年美国反性骚扰运动的高峰期，艾琳向她网络中的女性投资者发送了一封电子邮件，探讨她们可以做些什么来改变自己所处的行业。[4] 在几个月内，她聚集了34位女性风险投资领导者，致力于吸引更多的女性进入这个领域，并鼓励对更多女性创始人进行投资。这就是 All Raise 的诞生——风险投资领域中最资深的女性共同创立的非营利组织。[5] 该组织认为，来自同行业女性的统一发声比个人能够更有效地传递信息。

每当有人谈到艾琳时，他们首先提到的是她在科技内幕新闻网站科技博客（TechCrunch）上发表的一篇文章中创造了"独角兽"这个行业术语，指代价值 10 亿美元的初创公司。[6] 他们注意到的第二件事是她令人耳目一新的直言不讳和坦率。女性只在私下里提及自己所了解并感受到的事情，艾琳愿意公开表达。她的许多观点引起了共鸣，但一些朋友和同事劝她控制一下言辞，"有人告诉我，'这可能会适得其反'或者'要小心谨慎'，"艾琳说，"但我们不能继续假装偏见在我们行业或其他行业中不存在。我厌倦了人们在讨论一个男性角色时说'哦，他是个好人'，然后质疑同样合格的女性的具体技能。男性不断获得比女性更优惠的财务条款，筹集更多的资金。我有权指出我们都看到的事情。这可能有点儿吓人，所以我很感激那些支持我的人说这有助于产生积极的影响。"

艾琳从沉默到找到自己内在的声音，并代表那些不具备她这样的影响力和话语权的人发声。但是她的斗争并没有结束，她正在与数百名风险投资家和创始人联合起来，改变行业对待女性和少数族裔投资者和创始人的方式，帮助其他人也找到她们自己内在的声音。

直言不讳，挺身而出

当今，工作场所普遍存在认知失调。社会文化会奖励那些敢于站出来、大声疾呼、勇于发声的人。我们希望女性领导者勇敢、直言不讳、有魅力，但是我们从小就遵循着一个女性"应该"具备哪些特质的定义而长大。

我女儿丹妮尔的老师在一次家长会上说："数学已经成为男孩俱乐部了——女孩们不举手，也不开口说话。"当我们问她这个问题时，丹妮尔耸了耸肩，回答道："男孩们只是更擅长数学。"她们10岁了。女孩很早就收到信号，认为男孩更擅长数学，而女孩不应该取而代之。尽管我们努力抵制，但这种文化熏陶从小就开始了。

勇敢发声是一项具有挑战性的任务，这会导致危险的双重束缚。当女性发表意见时，她们被男同事打断的概率比男性高出33%。[7] 她们的声音往往被淹没、压制，或忽视。即使是最有权力的女性，比如最高法院的女法官，也不能幸免，并且会比男性同行受到更多干扰。鉴于这种压制，人们很容易选择保持沉默或退缩。

我曾经很难开口说话。作为一个天生内向的人，我只在确信自己有正确答案的时候才开口，很少冒险去猜测或辩论。大多数女性都学会了压抑自己的声音，因为所有人都在训练她们这样做。我记得在参加一次主要由男性高管组成的晚宴时，在场有人问到脸书商务方面的问题，而这正是我的专业领域。我开始发言，但一位在不同领域工作的男性同行却打断了我。在将近10分钟的时间里，我听着他谈论一个我在其中开发多个产品超过15年的领域，而我什么也没说，无法做出回应或反应。我知道跟他抢话不是一个好的选择，于是我开始思考该怎么办。我不想显得过于强硬或咄咄逼人，因为我知道会受到严厉的批评。最终，由于缺乏勇气开口，我放弃了自己的权力。

女性在职场认识到发声是有代价的，这一点已经在实验研究和现实生活中被反复证明过。[8]尽管我们通常将有主见作为领导力的一种品质，但被认为"有主见"的女性会被评判为能力不足。[9]说话更多、用语更有力的女性首席执行官被认为是负面的领导者形象，无论男女都认为她们不太适合这个角色。[10]在一项研究中，当男女混合的五人小组完成任务时，女性的发言量仅为男性的2/3。[11]渐渐地，我们教导女性压抑自己的声音，以避免引起评论或显得不合群，特别是当群体中女性占少数时。

这感觉就像一个无法取胜的局面。说得太多或显得过于强势，就会被认为能力不足；说得不够多，就会被认为缺乏影响力。我们被迫走在绷紧的钢丝上，不断地在两个深渊之间保持平衡，并且必须反复思考每一个字词。

有时候，我们甚至会被完全从故事中抹去。

在过去的20年里，"贝宝帮"（PayPal Mafia）的传说被反复讲述。2007年，贝宝的创始人和早期员工一起身着黑帮服装，为《财富》杂志拍摄了照片。[12]这个著名的团体包括传奇的投资者、创始人和远见卓识者，如彼得·蒂尔（贝宝、帕兰提尔联合创始人）、埃隆·马斯克（太空探索技术公司［SpaceX］创始人）、麦克斯·拉夫琴（贝宝、Affirm联合创始人）、戴维·萨克斯（雅米［Yammer］联合创始人）、鲁洛夫·博塔（红杉资本合伙人）、陈士骏（油管网［YouTube］联合创始人）、里德·霍夫曼（领英［LinkedIn］联合创始人）、杰里米·斯托普尔曼（Yelp联合创始人）等。但是，没有一位女性受邀参与这张照片的拍摄，包括与这些人携手打造贝宝的女性——埃米·克莱门特。

埃米于1999年年初加入X.com，即贝宝的前身。二者合并后，她成为贝宝的产品副总裁。多年来，"贝宝帮"的传说不断壮大，埃米看着她雇用和指导过的同事被赞誉有加，而她和其他女性同事则被忽略在故事之外。她很少谈论自己在贝宝早期创立中的角色，以及她作为产品和设计负责人的职责。即使在许多贝宝早期团队成员离开后，她仍然坚守这个岗位。

怀着对员工的深切热爱，埃米在任职期间指导和培养了许多成功的产品及设计领导者，许多人后来成为硅谷的首席执行官、创始人、首席高管、投资者和董事会成员。整个行业中都能感受到她的影响，但她的名字并未与她一起工作过的男人们并列。

"女性在成功企业的故事中往往被忽略。我们要么被推到幕后要么被遗忘，"埃米写道，"但我选择向前看，而不是往回看。当我跟随自己的激情进入下一个篇章时，我承诺要确保故事真正具有代表性和包容性……我鼓励所有女性问自己的问题是：'你在创造什么样的故事？'以及'你在把谁写进故事中？'"

对于埃米而言，她事业的下一篇章位于硅谷的科技中心之外。她从易贝（当时是贝宝的母公司）的高管职位辞职，成为奥米迪亚网络（Omidyar Network）的合伙人，投资新兴市场中以任务为导向的企业家。在过去的10年中，她领导了对健康、金

规则 9　倾听内在的声音，勇敢发声

融包容性、能源和消费科技等领域的投资，并越来越关注教育领域。去年，她创建了由皮埃尔和帕姆·奥米迪亚夫妇支持的慈善投资公司"可想象的未来"（Imaginable Futures），并担任 CEO。该公司已经投资超过 2.4 亿美元，其使命是通过学习释放人类潜力。

埃米通过向前看而不是回顾过去找到了自己内在的声音。她选择通过展望未来并提升那些没有发言权的人来重写自己的故事，而不是让自己的故事在叙述中被抹去。

如果你让某人设想一位领导者、一位首席执行官，他们会想到什么？通常都是：一个勇敢的远见者，一个响亮威严的声音，一个男人。

当然不是像我这样内向的亚裔美国女性。我很早就知道越界的危险，经常在评论中被说我"难以相处""过于强势"或者"难以相处"。我常常看到那些总是打断我的男人反复受到赞扬，而身边的女性则因为小错误而遭受严厉的批评。

一位女性导师在我职业生涯早期曾经告诉过我："硅谷女性成功的关键是学会与难相处的男性共事。"

这让我感到不公平。我反驳道："他们什么时候需要学会与我们共事呢？"

她笑了笑，回答说："永远不需要。"她告诉我睁大眼睛看看周围："这是他们的世界。"

这些话一直伴随着我，无论是在每次绩效评估中告诉我推

销产品过于强势，还是在别人说话比我少的情况下指责我说话太多。我学会了压抑自己的声音，谨慎措辞以免得罪他人。每次开口之前，我都要斟酌再三，试图平衡专业知识和影响力。

在脸书工作的前几年，我努力寻找自己的定位。我从易贝的买家体验总监变成了脸书高级产品经理的人，基本上把我的职业生涯推迟了近十年。两年半的时间里，我在7位经理的手下工作过，而且每个人都承诺只要在我完成下一个任务目标的时候就会晋升。尽管我努力工作并取得了在产品方面的成功，但我仍然无法获得晋升。

我曾经提到，我在脸书工作时，学习敞开心扉是一个艰难的过程。这是一家致力于让世界更加紧密联系在一起的公司，而在网上与同事进行交流已成为常规做法。虽然我觉得这很令人畏惧，但它也成了最终考验。对我来说，最困难的部分是担心自己的话不值得别人倾听。拥有发言权意味着变得脆弱，这是我不愿意做的。

随着时间的推移，我发现分享更多关于自己的事并不是一个弱点，而是建立情感联结的机会。因此，我逐渐走出了自己的舒适区。我开始发布有关孩子的轶事，并在每篇帖子上标记"妈妈学校"（mommy school）的标签，这个词是我当时两岁的儿子创造的。起初，我感到很难为情，直到人们开始谈论这些帖子是如何触动他们或让他们开怀大笑。这打破了僵局，为更多的交流敞开了大门。

当你逐渐形成自己的声音时，请记住，你的情感比你说出的话更重要。即使很困难，但只要你敞开心扉，别人也会对你敞开心扉。你的声音是创造前所未有的情感联结的一种方式。

持续传播你的声音

将自己暴露在众人面前的难处在于，有时候它行不通。人们会指责你或者说你太过张扬，认为你太过直接或者说话太多。每一次打破期望和突破刻板印象都是需要付出代价的。

但是，不质疑规则和打破成见的代价更大。顺从可能是件更容易、更安全的事，但它也使你更难被视为领导者。回想一下你对领导者形象的想象。当你闭上眼睛想象的时候，那个领导看起来像你吗？

你的声音就像指纹一样独特。它承载着你的故事、观点和激情。这段旅程中的一部分是找到真正的自我，并将其展现给他人。无论如何，你都要找到一种方式让它变得真实可感。分享能够建立联结、展示脆弱，并最终赢得信任。沉默与真正的领导力相违背，而你的声音是突破困境的关键。

规则 10

创造并留下自己的人生印记

我不想浪费生命等待死亡。我选择在有生之年活得充实。

——斯泰茜·杰纳勒尔

在研究生班级上的一堂课中，我们被要求写下自己的讣告并作为作业提交。当时我们大多数人都笑了。我们是一群踌躇满志的二十多岁的年轻人，对未来充满无限遐想。但在阅读完我们所写的内容后，教授为我们总结了各自故事的最后篇章。他谈到了我们的成就、家庭和遗憾。我的一些同学设想自己创办公司，而另一些人计划成为首席执行官，还有一些人谈论着成为有影响力的作家或领导者。教授说我们所有人的故事都有两个共同点：我们都很长寿，许多人甚至活到了90多岁，而且所有人都比配偶先去世（除了一个人之外，他预测自己会在妻子之后立即离世）。"显然，你们都不想面对悲伤，宁愿让别人为你们悲伤。"教授开玩笑地说道。我们当时都哈哈大笑，却不知道接下来会发生什么。

当我们在2017年参加毕业15周年同学聚会时，这道作业变得更加令人记忆犹新了。在这些年里，我们的班级中失去了两位同窗。当我和100多名同学站在一起，聆听对逝去的生命的悼念时，我回想起了那节课上的情景。当时，笑闹之中的我们谁也没有想到这么快就会有两篇讣告发布。

在日常生活中，我们往往难以想象自己的故事会如何结束，也不太考虑留下什么。但是，在商学院里进行的练习，能帮助我专注于我想要在生活中优先考虑的事情，以及我的故事应该如何发展。当年那堂课上很少有人写到未来想拥有大量金钱或财产，相反，大多数人分享了他们对家庭和对世界产生积极影响的希望。

夺回你的职场权力意味着掌控自己人生故事的结局，然后从那里倒推回现在。你最终想要到达哪里？希望实现什么成就？写下你期望的人生结局看起来可能有些阴郁或沮丧，但它实际上是一种充满希望的行动。如果你希望过上充实美好的生活，了解它应该是什么样子，意味着你可以每天积极地努力追求它。

留下你的印记包括3个要素：

1. 起草自己的讣告。
2. 构思自己的职场愿景。
3. 设立年度任务目标。

起草自己的讣告：先写下最后一章

当公司准备推出某个产品时，团队都会进行一项名为"事前验尸"（premortem）的练习。在事前验尸的环节中，团队中的每一位成员都坐在一起，在纸上写下产品发布后可能发生的最糟糕的事情。这种对抗性策略有助于团队预见潜在问题、制定防范措施，并建立失败应急计划。

许多组织在事情出了问题后会进行事后分析。"哥伦比亚号"航天飞机失事后，美国国家航空航天局发布了一份多卷报告，详

规则 10　创造并留下自己的人生印记

细介绍了导致这场悲剧的每一个技术问题、决策和文化难题。[1]对失败进行事后评估可以清楚地看出哪些事件导致了失败，并且可以采用哪些方法避免未来出现同样的结果。

回顾错误是有用的。这意味着你可以调整方向，避免再次犯错。但在生命的尽头，没有事后分析报告，也没有下一次机会可以做出正确的事情。时间的流逝意味着结束才是真正的终结，而不是回头反思自己能做些什么不同的事。相反，你可以通过先写下最后一章来主动掌握局面。

想象一下，你正坐下来写自己的讣告。你希望写些什么？你希望人们如何记住你？你所写的内容将展示出你最珍视的价值观。它将成为你生活中的指南，是在人生旅途中引领你前行的北极星。

花一个晚上写下你的讣告，然后放在一边。一周后再读一遍，然后一个月后再读一遍，并加以完善。之后将其收起来，每年回顾一次。这将是你投入精力的方向和方式的路线图。

从结尾开始写下你的人生故事，看起来像是一项徒劳无功的练习。在你还有很多时间可以度过时，沉浸于一个可能几十年后才会到来的时刻似乎是在浪费时间。但当每一天你都感觉人生有限且可衡量时，时间的流逝就变得更加明显。斯泰茜·杰纳勒尔对此深有体会。

2005 年，与丈夫维克托·杰纳勒尔三世新婚不久的斯泰茜·李·杰纳勒尔听到了一个毁灭性的消息：她患上阑尾转移性黏液腺癌，这是一种罕见的癌症，发病率仅为百万分之一。[3]她当时 31 岁。经过 3 年的治疗，她的外科医生放弃了，并表示自己已经无能为力。斯泰茜发现自己将面对第四阶段的癌症，而她在 5 年内的生存率不到 20%。[4]

作为一个善于解决问题的人，斯泰茜寻求了另一种方式。这种坚韧不拔的精神引领她找到了一位专家，他们共同努力，使得她的癌症控制了 15 年。

斯泰茜是一个天生的斗士。儿时，她的父亲大部分时间都不在家，她的母亲患有精神疾病，且家境贫困。因此，她从小就知道努力争取自己想要的一切。为了能够自费上大学，她打了两份工来支付圣何塞州立大学的学费。她后来在安·泰勒（Ann Taylor）公司获得了实习机会，在那里工作了 5 年，然后于 1999 年加入了当时还处于发展初期的易贝。

此时，斯泰茜突然发觉自己身处硅谷的中心，被来自各个名牌大学的人，尤其是男性所包围着。由于她只是毕业于普通州立学校，冒名顶替综合征让她怀疑自己是否有和周围那些斯坦福大学和哈佛大学毕业生相同的资格和能力。

后来，斯泰茜被调到易贝新收购的支付公司贝宝工作，当时公司里只有几百名员工，她负责领导消费者营销。她的癌症不断扩散，但她仍致力于发展自己的事业，接受新挑战，并组建了一个团队，代表贝宝处理新兴业务和风险。

尽管她面临着个人健康的挑战，但斯泰茜明白她不能让癌症限制自己，因此她抓住机会在脸书担任了新的职位，这家公司以其高强度的工作文化而闻名。斯泰茜毫不畏惧。"我并没有因为得了癌症而变得低人一等。"她说,"我对自己和自己的能力充满信心。我从真正关心他人的角度出发领导团队。由于经历过更艰难的事情,所以我能以一种独特的视角来看待困难、混乱以及看似无法克服的挑战。"

随着脸书扩大其消费者营销工作的规模,营销组织的高级领导层要求斯泰茜领导脸书应用程序的品牌推广活动。考虑到当时行业的负面情绪,这无疑是一项挑战。斯泰茜在 2020 年推出了"更多在一起"(More Together)的广告活动,其中包括该公司的首个超级碗电视广告,强调脸书是一个社区和与他人建立联系的场所。

在她的职业生涯和成功之路上,斯泰茜知道自己必须平衡工作和健康。她的阑尾癌是由于癌细胞广泛扩散到腹部并附着在各种器官上而导致的。自从确诊以来,斯泰茜已经接受了 8 次重大的肿瘤切除手术——接受过此类手术的人称之为"所有手术中最艰难的"。[5] 每次手术都需要数月的恢复时间,这些年来她已经动了 6 个器官,有些是部分切除,有些则是全部摘除。这些手术对她的身体造成了很大负担,现在她必须依靠支架和助行器才能行走。同时,她还经历了多次艰难的化疗治疗,并且每 6 周就要进行一次手术以维持肾功能。

斯泰茜从未让癌症束缚过她。10 多年前,她领养了一个来自埃塞俄比亚的男孩,她每天向孩子展示着自己的爱,为了能和他在一起度过尽可能长的时间而不断地战斗。她知道自己的故事随时都可能结束,因此决定充分利用旅程中的每一刻,无论是好是坏。她一次又一次地打败了命运，努力过着充实的生活。斯泰茜知道自己想要怎样结束这个故事，并打算奋斗到最后。

打造你的愿景：让你的功绩成为你的北极星

当我担任宗谱的首席执行官时，我并不知道会发生什么。我通过 Zoom（多人手机云视频会议软件）面试了这个职位，但从未与董事会或领导团队中的任何人见过面。由于招聘人员的保密性质，我第一次见到我的新高管团队是通过一次不事先透漏消息的视频会议。高管团队的每个成员都收到了一个 Zoom 链接和会议时间，但不知道谁会作为他们新的首席执行官出现在另一端。

我来到宗谱后做的第一件事就是展开倾听之旅。在最初的 30 天里，我与公司内的 70 多人进行了交谈，我听取了他们对新领导层的希望和担忧，以及这对他们意味着什么。当月月底，我起草了一份新的愿景声明，概括了我所听到的内容。这份愿景声明成为我在公司任期内的"北极星"，并指导着我们所做的一切工作。从这份愿景出发，我们更新了优先事项和目标，最终通向整个组织的执行和问责方面的变化。

同样地，个人愿景声明就像一张路线图，它代表了你想要留下的功绩。这份声明应该包括你的目的以及为什么选择从事你所做的工作。我的声明是一个简单的提醒，我写下来是为了指导我的行动：

> 上帝赐予我们短暂的时间来创造并留下我们的印记，所

规则 10　创造并留下自己的人生印记

以我希望每一天都过得有意义。我希望有一天我离开时，能让人们因为遇见了我而变得更好。作为一个有问题解决能力、连接人际关系和创造力的人，我将运用这些技能度过无怨无悔的人生。

我写下这一愿景以指引我做出选择，无论是我接受的还是拒绝的事情。这个愿景引领着我走到了今天。它激励着我指导了超过1 000名陌生人，帮助他们克服职业挑战。它驱使我每晚写作，每周发布文章，最终写下了这本书。它帮助我克服了对未知的恐惧，教会我在生活中要向前看，而不是回首过去。

愿景声明可以帮助塑造你的人生事业，它们可能会出乎意料地出现。CC·李（CC Lee）的使命在一个瞬间被激发，一次偶然的邂逅让她的人生走上了新的道路。

作为移民家庭的孩子，CC在南卡罗来纳州哥伦比亚市长大，一直梦想着追求科学事业。在赢得杜克大学的全额奖学金后，她选择了就读难度极高的生物医学工程专业，并以优异的成绩毕业。随后，她又在哈佛医学院获得了医学学位。

2004年，CC在完成儿科住院医师培训后，和新婚丈夫马蒂一起前往青海玉树的一家没有自来水和电力的诊所做志愿者。他们在4年时间里，每一年都会前往该地做几个月的志愿工作。

玉树是一个位于喜马拉雅山高处的偏远藏族自治州。在此期间，马蒂利用他的土木工程知识，试图为该地引入水源；CC开始为病人看病，教当地卫生工作者如何支援母亲和新生儿，并在当地的游牧帐篷里接生。有一天,她看到一位母亲因分娩不顺导致孩子窒息而死。CC心里明白,如果她能早一点赶到帐篷,在宝宝生命的前几分钟内进行复苏抢救,她就可以救活那个孩子。"我知道我想要把余生献给那些母亲和婴儿。"她说。这场悲剧促使她致力于在基础医疗服务较缺乏的地区,为母婴保健事业贡献自己的一生。

在接下来的15年里,CC每隔几个月就去环游世界,前往各地偏远的村庄和农村地区,了解孕产妇和新生儿死亡率所面临的挑战。她帮助各地区创建了当地卫生工作者的培训计划,以减少因水源污染而引起的传染病,防止产妇在分娩时将传染病传染给婴儿,以及如何预防新生儿窒息。目前,她正在布莱根妇女医院负责"全球母婴进步实验室"。

CC是4个孩子的母亲,她深知新生儿的生命是多么脆弱。2008年,她的第一个孩子利亚姆出生后患上了严重的黄疸病。在利亚姆出生的第3天,当他的胆红素水平升高到危险水平时,她带着他回到医院接受了一个星期的光疗治疗。

CC目睹了如果不及时治疗,这种情况对脆弱的新生儿可能产生的影响。未被诊断出来的新生儿黄疸可能会导致不可逆转的脑损伤,严重情况下甚至会导致死亡。大多数美国医院都配备了进行血液检测或非侵入式设备的实验室,成本高达7 000美元以上,用于筛查黄疸患者。因此在美国,由于黄疸而造成永久性损害是十分罕见的。但在印度和孟加拉等许多国家,CC前往这些地方进行研究和实践医学时,黄疸筛查并不常见,往往也无法获得检测，获得治疗的机会更是极为有限。CC 每天都要满足多个受黄疸影响的婴儿的需求，而其中的许多损伤是可以预防和治疗的。全球每年有超过 100 万名儿童会患上严重的黄疸病，包括我的儿子在内。CC 知道，如果不改变筛查和检测流程，许多最贫困国家的孩子将继续遭受这种病痛。

在儿子出生后，CC 思考着诊断黄疸的复杂问题。经过多年的测试和研究，她开发出了胆红素尺——这是一种简单的印刷塑料尺，在按压新生儿皮肤时可以确定他们的胆红素水平，[6] 这使得任何人都能够测试婴儿是否患有黄疸。CC 已经通过研究证明，这个制造成本只有几美元的塑料小件可以在不同环境下的实地研究中准确检测出黄疸。她的工作有可能帮助识别出患有这种可预防疾病的高危新生儿。初步估计显示，到 2030 年，她的发明可能惠及 100 万名婴儿。CC 通过找到自己的目标并满怀激情地追求它，在这个世界上留下了自己的印记。她开玩笑说："我没有遗憾，也从未选择容易走的路。我开着用胶带修补过的小面包车和 1 辆 13 年的普锐斯……我们住在波士顿郊外非常老旧的农舍里。然而，我有 4 个健康的孩子，他们拥有世界上许多孩子所没有的机会，这每天都激励着我为世界各地那些没有高质量医疗保健资源的母亲和婴儿服务。"CC 的功绩将远远超越她的研究、头衔和资助奖项。

创建年度目标：使用标记来推进

一旦你知道自己想要的人生故事结局和毕生功绩，下一步就是朝着留下印记的方向前进。这意味着你愿意通过设定明确的目标和里程碑来改变自己的生活。

人类大脑很难理解时间的概念。孩子们经常说,等待长大的时间很漫长,但对于成年人来说,时间似乎在责任和义务的忙碌中飞逝而过。退一步,创造里程碑并标记时间,可以帮助你以可衡量的方式朝着自己的未来迈进。

将问题分解可以让它变得可行。不要被日常琐事所困扰,你可以通过设定目标并记录进展来推动前进。对于 CC 而言,这意味着计划多次前往最需要她帮助的地区,每年发布突破性的研究。对于邢立美而言,这意味着每两年完成一篇手稿,即使她花了十多年的时间才出版了第一篇手稿。对我而言,这意味着每年 1 月 1 日通过新年决议来制定目标。在过去的 19 年里,我利用这个年度时刻,让我的生活朝着我希望的方向发展。

从你的功绩开始,向今天回溯。分解出你希望留下的东西,并从现在开始标记你的进展。在接下来的 365 天里,你将会做些什么来让自己更接近想要留下的东西?为了实现自己所渴望的目标,需要哪些基石?如何保证每一天都能有目标地生活呢?

自 2015 年以来,我每年都会在脸书上发布我的年度决议。每到 1 月 1 日,我都会评估自己在过去一年中的目标完成情况,并为接下来的一年制定新的目标。这让我能够反思自己所取得的进步和希望改变的事情。有趣的是,在重读这些反思时,我发现通过逐个实现每个新年宣言,我的生活已经发生了很大变化。

我在上一章讲过卡罗琳·埃弗森的故事,她就是运用这种做法改变了自己的人生和工作。她真心地相信透明度,而其他领导只是口头上说说而已,因此她开始向整个团队发布她的半年度绩效评估。她坦率地谈论了自己的家庭情况,包括父亲虚弱的身体和最终离世,以及母亲目睹他衰弱时的精神状态。卡罗琳将脆弱性发挥到了一个新的高度。她团队中的成员不想要一个完美无缺或高不可攀的领导者,他们想要的是一个真实、理解失败和艰辛,同时渴望收获更多的人。

对真诚透明的渴望,最终让卡罗琳从沃达丰(Fast Forward)领导力咨询集团的创始人莉萨·麦卡锡那里得到灵感,并写了一份年度声明。自2013年起,卡罗琳每年都会为自己撰写一份声明,并要求她的4 000人团队也这样做。这有助于她有意识、有目的地规划自己的职业路径,永远不会把任何事情视为是理所当然。

"我会写一份年度愿景声明:实际上,这是一封写给未来一年的自己的信,它概述了我准备在那一年中所取得的所有成绩。"她解释道,"我详细地描述自己在生活的三个方面所做的事情:个人计划、职业目标和社区服务工作。"[7]

这份愿景声明变成了卡罗琳每年的生活与工作指南,迫使她在开始之前就反思自己计划要实现什么。这给了她目标和意义,并推动她成为世界上最有实力的销售领导者之一。每一条声明对她来说都弥足珍贵。它们提醒着她每年渴望达成的目标,并让她成就了今天的自己。

你的标记是你的功绩

这本书讲述了如何在职场上夺回你的权力,但最终,你的一切远不止于工作和职业。你不仅是一个头衔、一段领英档案，或团队代表，你更是经历过的所有成功与挑战的结合体，也是在瞬息万变的世界中展开的一段生命故事。无论你现在身处何种境地，重拾并追求自己的功绩永远都不会太晚。

2007年，57岁的阿里安娜·赫芬顿正在昼夜不停地工作，致力于打造她的新企业——赫芬顿邮报（The Huffington Post），这是一家她两年前创办的在线新闻网站。有一次，在熬夜工作后，她晕倒了，在血泊中醒来时，她发现自己颧骨断裂。"那是一个真正的警钟。"她回忆道。在被诊断出过度疲劳后，她试图了解健康和工作效率之间的关系。"我发现，"她解释说，"并不是因为我过度疲劳才成功，而是尽管我获得了成功，但我已将自己搞得筋疲力尽。"

2011年，美国在线（American Online, AOL）以3.15亿美元收购了赫芬顿邮报，并任命阿里安娜为赫芬顿邮报媒体集团的负责人。在领导这个媒体帝国的同时，她从自己的过劳中获得灵感，写下了两本畅销书《茁壮成长》（Thrive）和《拯救你的睡眠》（The Sleep Revolution）。她意识到自己想通过帮助他人成长来留下自己的印记，于是她在66岁时离开美国在线，成立了"Thrive Global"。

阿里安娜一再提醒我分享她创办公司时的年龄。她想强调的是，打造自己的功绩永远不会太晚。随着年龄的增长，女性往往受到严厉的评判，但阿里安娜认为，女性可以利用自己的所有智慧和经验，在退休之际成为一名企业家。她的故事提醒我们，你的道路并不是固定的，追求你的梦想永远不会太晚。

当你考虑如何创造出自己的印记时，请想一想每一天对你意味着什么。

当两个人相遇时，他们有能力改变彼此的道路。在过去的8年里，我一直奉行开放式政策，愿意与任何想见我的人会面：首先是在脸书内部，然后是公开地在整个行业内。这些年来，我已经与1 000多人会面。大多数人都是带着具体问题来的，比如选择哪个领域，还有很多人寻求职业建议。有些人处境困难，比如需要帮助处理与上级或同事之间的棘手情况；还有一些人渴望取得更高的成就，但不知道该怎么做。

当我决定在2021年换工作时，有100多人联系我，并分享了与我相遇是如何改变了他们的生活轨迹。他们让我想起在这些短暂的会面中曾说过的话，这些话在他们需要支持或建议时，真正帮助了他们。有几个人甚至引用我的话，分享了它们所产生的影响。令人惭愧的是，我说过的大部分话我都不记得了，但他们却牢记着。

这时我意识到，我们的言行在不知不觉中对彼此产生了深远的影响。当你考虑如何留下自己的印记时，请不要只关注荣誉、奖项、头衔和晋升，而是要思考如何过好自己的生活，如何对周围的人产生积极影响。你的印记是你的功绩，是别人在你的追悼会上所说的话。你的印记就是那些为你留下来的人，他们将继承你的使命并将其发扬光大。你的印记就是你的声音，它回响在短暂人生中遇到的所有人的生命中。你要决定这个印记对于你来说意味着什么，然后满怀激情地去追求它。

展望未来

作为一个在小镇长大的孩子，我深受"与众不同意味着'异类'"和"应该回到自己的来处"的负面信息的影响。多年来，因为父母让我们离开原本的生活，来到一个我从未被接纳及容忍的地方，我感到困惑和疏离，我感到愤怒。我让这种愤怒成为推动我渴望成功的火箭燃料，向世界证明我值得被接纳。

火箭燃料中的氢气具有强大的推动力，足以将人类送入太空。但它也非常易燃，如果使用不当，就会摧毁周围的一切。有一天，谢丽尔·桑德伯格在与高管团队进行产品审查后，把我拉到一旁，说："现在你可以停止奋斗了，你已经赢了。"她看到了我肩上的包袱，并指出了它。那时我意识到，愤怒让我有了今天的成就，但它早就没用了。我已经到达了这样一个境地：我的童年时期产生的怨恨，给予我的力量正威胁着摧毁我想要实现的一切。

从那一刻起，我决定停止战斗，停止证明自己的价值，开始与他人建立联系并树立信心。对我而言，这是一个艰难的转变，我从那个充满负面情绪的源泉中获得了如此多的成就，如今我要学会以智慧来推动人生的下一篇章。当我发现自己没有什么可以证明的时候，我开始意识到自己在无意中把权力交给了那些曾经伤害过我的人。现在是时候夺回它了。

我们在这个世界上的时间是有限的，我们无法永远掌控自己

规则 10 创造并留下自己的人生印记

的环境,但我们可以选择从经历中学习和受益,并留下我们的功绩。你的个人经历可以束缚你,也可以成为一盏指路的明灯。每天你都可以选择,是让过去定义你,还是将其作为迈向未来的垫脚石。

不要让人生定义你,你必须主动定义自己的人生——这是夺回职场权力的终极方式。

后记

在挑战中寻找机会,在绝望中寻找希望

> 生活中有 10% 是发生在我身上的事情,而 90% 则取决于我如何应对。
>
> ——查克·施温道

当我着手写这本书时,我知道成功没有秘诀,职场女性获得成功并没有神奇的、一刀切的步骤计划。成功由等量的运气、动力和执行力组成。生活给予我们不同的机会、挑战和与生俱来的天赋。这本书是一本指南,教你如何充分利用自己所拥有的一切。我们可以让经历和挫折成为阻碍,或者将它们转化为推动我们走得更远的动力。

生活并不公平,竞争环境也不是平等的,的确存在着"第二轮班"。社会对于男女之间的期望是不平等的。你会被打断、被超越、被拒绝。

我希望我能写一本关于我们如何能共同修复这个体系的书。

如果我有魔法棒，这就是我对我们所有人的期望。这正是莉诺和她在伯克利的朋友们 40 多年前所追求的，当时她们通过让更多的女孩进入 STEM 领域来实现公平的竞争环境。今天，在她们 70 多岁的时候，她们仍在为女性获得与男性同行平等的地位而奋斗。

但这本书不是关于职场有多么不公平的。相反，这是一本关乎希望的书。我写下这些话是希望向你展示，在每一个挑战中都蕴藏着机会。你走过的路可能比别人更加崎岖，但它是由你开拓的。你的旅程可能会遇到障碍和绊脚石，但你有足够的力量去克服它们。

你不能决定生活中会发生什么，但你可以决定如何应对。当你翻过这本书时，我希望你记住：虽然不是所有事情都能改变，但你比你想象得更强大。你可以而且应该影响你周围的事件。你有盟友、机会和独特的声音，有可供分享的故事，有可以改变世界的魔力。

我希望有一天，当我放下这支笔时，我 10 岁和 13 岁的女儿能够读到这些文字。我希望在那一天，她们会因为我的建议过时而发笑。我希望随着她们事业的发展，会想起这些文字被写下来的时刻，并互相开玩笑地谈论当时是多么疯狂。在那一天到来之前，她们还有一段旅程要走，有属于自己的人生需要塑造，而你也一样。

开辟一条属于你的道路。创造你想要看到的世界。夺回你的职场权力。

致谢

成功不是靠个人完成的,而是团队的合作。写书也是如此。如果没有大家的鼓励、支持和帮助,我不可能完成这本书。

首先,我很感激也很幸运能够嫁给戴维·刘,他是世上最有耐心和最善解人意的丈夫。20多年前我们相遇时,我从未想过我们会一起不断冒险。还要感谢我的并不总是那么有耐心的3个孩子:丹妮尔、贝萨妮和乔纳森,让我可以讲述我们的故事。贝萨妮,我保证以后的书中会按名字的首字母顺序来致谢,这样作为老二的你就能够排在最前面了。你通过提出自己想要的东西而夺回了你的权力!

感谢我的父母,你们为了实现美国梦而来到美国,我希望我们家庭的传承能够配得上你们为让我们在这里立足所做出的牺牲。我只是遗憾父亲没能看到我们的故事出版,但我很高兴母亲能够在经历了多次癌症后活下来,或许能够亲手拿到这本书。致我的姐姐卡罗琳·刘,感谢你在我充满焦虑的岁月里一直支持鼓励我,并告诉我真相,提醒我无论取得什么成就,我永远都是你的小妹妹。

感谢我的新叶文学经纪人凯瑟琳·奥尔蒂斯和斯蒂芬妮·金,她们在完成这个项目的多年旅程中一直支持着我。他们冒险签下了一个未知的作者，并帮助一位写作新手将想法变成了现在的这本书。特别感谢宗德文出版社（Zondervan）的团队：卡洛琳·麦克里迪、韦伯斯特·尤恩斯、金·坦纳、保罗·费舍尔、艾丽西娅·卡森、戴文·杜克，以及马特·布雷。你们让我知道当有人相信我的时候，可能实现的事情。从我们第一次见面起，我就知道Zondervan将成为这本书和未来一切的正确归宿。

致我的赞助人和建立我的职业生涯的导师，没有你们就没有我的今天。我有很多人需要感谢，我希望在此处可以把你们一个不落地写进来。埃米·克莱门特，为我提供了一个机会，即使我尚未争取这个机会。道格·珀迪，教会我相信可能性的力量。迈克·弗纳尔，我的盟友兼顾问。安德鲁·博斯沃思，教我敞开心扉，鼓励我写作，即使在我确信自己无话可说的时候。谢丽尔·桑德伯格，看到了我的潜力，直言不讳的反馈让我超越自己的想象。

我还要感谢那些成就这本书的不可思议的女性。我们教会小组的女士们，伊冯娜·周、玛丽·安·金、凯莉·卢和米基什·韦茨勒，她们耐心地聆听并支持我完成这项工作。扎伊纳布·加迪利，不仅给了我写这本书的想法，还把我介绍给新叶团队。莉萨·雷韦利，克服了许多困难，让我能够完成这个项目。伊莎贝拉·贝莉，在整个写作过程中支持我，即使是在我感觉不可能完成的时候。邢立美，向我展示了作为作家实现梦想的可能性，即使感觉如此遥远。

对于我生命中的教练和啦啦队，凯蒂娅·维雷森、向珊莹、卡罗尔·矶崎和斯科特·库克，感谢你们推动我去做你们都认为我有能力做到的事情。

感谢杰弗里·普费弗教授，在过去的7年里，我一直在斯坦福大学商学院的"权力之路"课堂上发言：没有您的鼓励和启发，我永远不会写下这本书。

最后，感谢我采访的每一位了不起的女性，感谢你们允许我讲述你们的故事，并与世人分享你们来之不易的智慧。我希望其他人能像我一样，从你们每个人身上学到更多东西。

注释

前言 你为什么需要这本书？

1. Lexico, s.v. "power," accessed November 22, 2021, https://www.lexico.com/en/definition/power.
2. Lisa Richards, "Women in Engineering at Duke University," (research paper, Duke University, 2006), 38, https://dukespace.lib.duke.edu/dspace/bitstream/handle/10161/221/Richards_L-Women%20in%20EGR-1.pdf?sequence=1&isAllowed=y.
3. "About Duke Engineering," Pratt School of Engineering, Duke University, updated December 21, 2021, https://pratt.duke.edu/about; "Employed Persons by Detailed Occupation, Sex, Race, and Hispanic or Latino Ethnicity," Current Population Survey, U. S. Bureau of Labor Statistics, accessed December 1, 2021,https://www.bls.gov/cps/cpsaat11.htm.
4. Susan S. Silbey, "Why Do So Many Women Who Study Engineering Leave the Field?" *Harvard Business Review*, August 23, 2016, https://hbr.org/2016/08/why-do-so-many-women-who-study-engineering-leave-the-field.
5. Alisha Haridasani Gupta, "California Companies Are Rushing to Find Female Board Members," *New York Times*, updated January 14, 2020, https://www.nytimes.com/2019/12/17/us/california-boardroom-gender-quota.html.
6. Jess Huang et al., "Women in the Workplace 2019," *McKinsey & Company*, accessed January 20, 2022, https://www.mckinsey.com/featured-insights/diversity-and-inclusion/women-in-the-workplace. See: But a "broken rung"

prevents women from reaching the top.

7. Anne Dennon, "As College Gender Gap Widens, Gender Pay Gap Slowly Shrinks," BestColleges, September 27, 2021, https://bestcolleges.com/news/analysis/2021/09/27/college-gender-gap-widens-gender-pay-gap-shrinks/.

规则 1　详细了解你的职业竞技场

1. Lexico, s.v. "power," accessed November 22, 2021, https://www.lexico.com/en/definition/power.

2. "The Simple Truth about the Gender Pay Gap: 2021 Update," *AAUW*, 1–6, accessed January 20, 2022, https://www.aauw.org/app/uploads/2021/09/AAUW_SimpleTruth_2021_-fall_update.pdf.

3. Benjamin Artz, Amanda Goodall, and Andrew J. Oswald, "Research: Women Ask for Raises as Often as Men, but Are Less Likely to Get Them," *Harvard Business Review*, June 25, 2018, https://hbr.org/2018/06/research-women-ask-for-raises-as-often-as-men-but-are-less-likely-to-get-them.

4. Minda Zetlin, "Want to Raise Successful Daughters? Be Careful Not to Do This," *Inc.*, August 30, 2018, https://www.inc.com/minda-zetlin/daughters-chores-allowance-gender-bias-sexism-fairness-parenting.html.

5. Soraya Chemaly, "All Teachers Should Be Trained to Overcome Their Hidden Biases," *Time*, February 12, 2015, https://time.com/3705454/teachers-biases-girls-education/; Novi Zhukovsky, "Speaking Up Gender Imbalance in the Classroom," *Dartmouth*, October 3, 2018, https://www.thedartmouth.com/article/2018/10/speaking-up-gender-imbalance-in-the-classroom.

6. Uri Gneezy, Kenneth L. Leonard, and John A. List, "Gender Differences in Competition: Evidence from a Matrilineal and a Patriarchal Society," *Econometrica* 77, no. 5 (September 2009): 1637–64, https://gap.hks.harvard.edu/gender-differences-competition-evidence-matrilineal-and-patriarchal-

society.
7. Tyler G. Okimoto and Victoria L. Brescoll, "The Price of Power: Power Seeking and Backlash against Female Politicians," *Personality and Social Psychology Bulletin* 36, no. 7 (2010): 923–36, https://doi.org/10.1177/0146167210371949.
8. Michael Kruse, "The Woman Who Made Hillary Cry," *Politico*, updated April 21, 2015, https://www.politico.com/story/2015/04/the-woman-who-made-hillary-clinton-cry-117171.
9. Annalisa Merelli, "Hillary Clinton Is on 'Humans of New York' Explaining Why She Comes across as Aloof," *Quartz*, updated August 15, 2018, https://qz.com/777077/hillary-clinton-explains-why-shes-unemotional-on-humans-of-new-york/.
10. Sady Doyle, "America Loves Women like Hillary Clinton–as Long as They're Not Asking for a Promotion," Quartz, February 25, 2016, https://qz.com/624346/america-loves-women-like-hillary-clinton-as-long-as-theyre-not-asking-for-a-promotion/.
11. Samantha Grossman, "See the Great Advice Mark Zuckerberg Gave a Facebook Commenter," *Time*, January 4, 2016, https://time.com/4166007/mark-zuckerberg-advice-date-nerd/.
12. Nick Anderson, "Research Shows Young Girls Are Less Likely to Think of Women as 'Really, Really Smart'," *Washington Post*, January 26, 2017, https://www.washingtonpost.com/news/grade-point/wp/2017/01/26/research-shows-young-girls-are-less-likely-to-think-of-women-as-really-really-smart/.
13. Dani Matias, "New Report Says College-Educated Women Will Soon Make Up Majority of U.S. Labor Force," *NWPB*, June 20, 2019, https://www.nwpb.org/2019/06/20/new-report-says-college-educated-women-will-soon-make-up-majority-of-u-s-labor-force/.
14. Margarita Mayo, "To Seem Confident, Women Have to Be Seen as Warm,"

Harvard Business Review, July 8, 2016, https://hbr.org/2016/07/to-seem-confident-women-have-to-be-seen-as-warm.

15. Jo Paoletti, "What's Wrong with Gender Stereotypes?," *Pink Is for Boys* (blog), June 12, 2012, https://www.pinkisforboys.org/blog/whats-wrong-with-gender-stereotypes.

16. Sociologists for Women in Society, "Gender Bias Uncovered in Children's Books with Male Characters, Including Male Animals, Leading the Fictional Pack," *ScienceDaily*, May 4, 2011, www.sciencedaily.com/releases/2011/05/110503151607.htm.

17. "Brontë Family," Wikipedia, accessed February 3, 2022, https://en.wikipedia.org/wiki/Bront%C3%AB_family.

18. Emma Cueto, "Why Is J.K. Still Pretending to Write as a Man?,"*Bustle*, February 18, 2014, https://www.bustle.com/articles/15839-what-jk-rowling-using-a-male-pseudonym-says-about-sexism-in-publishing.

19. Drew Desilver, "Women Scarce at Top of U.S. Business—And in the Jobs That Lead There," PEW Research Center, April 30, 2018, https://www.pewresearch.org/fact-tank/2018/04/30/women-scarce-at-top-of-u-s-business-and-in-the-jobs-that-lead-there/.

20. "Female to Male Earnings Ratio of Workers in the U.S. in Q4 2020, by Age Group," Statista, January 2021, https://www.statista.com/statistics/244383/female-to-male-earnings-ratio-of-workers-in-the-us-by-age/.

21. Jess Huang et al., "Women in the Workplace 2021," *McKinsey & Company*, September 27, 2021, https://www.mckinsey.com/featured-insights/diversity-and-inclusion/women-in-the-workplace.

22. Jennifer L. Prewitt-Freilino, T. Andrew Caswell, and Emmi K. Laakso, "The Gendering of Language: A Comparison of Gender Equality in Countries with Gendered, Natural Gender, and Genderless Languages," *Sex Roles* 66

(2012): 268–81, https://doi.org/10.1007/s11199-011-0083-5.

23. Klint Finley, "New Study Exposes Gender Bias in Tech Job Listings," *Wired*, March 11, 2013, https://www.wired.com/2013/03/hiring-women/.

24. Cid Wilson et al., "Missing Pieces Report: The 2018 Board Diversity Census of Women and Minorities on Fortune 500 Boards," Harvard Law School Forum on Corporate Governance, February 5, 2019, https://corpgov.law.harvard.edu/2019/02/05/missing-pieces-report-the-2018-board-diversity-census-of-women-and-minorities-on-fortune-500-boards/#3b.

25. Kim Elsesser, "What to Expect from the Influx of Women on California's Corporate Boards," *Forbes*, May 21, 2021, https://www.forbes.com/sites/kimelsesser/2021/05/21/what-to-expect-from-the-influx-of-women-on-californias-corporate-boards/?sh=7e93f0bc12ce.

26. Jeffrey Dastin, "Amazon Scraps Secret AI Recruiting Tool That Showed Bias against Women," *Reuters*, October 10, 2018, https://www.reuters.com/article/us-amazon-com-jobs-automation-insight-idUSKCN1MK08G.

27. Dave Gershgorn, "Robot Indemnity: Companies Are on the Hook If Their Hiring Algorithms Are Biased," *Quartz*, last updated October 23, 2018, https://qz.com/1427621/companies-are-on-the-hook-if-their-hiring-algorithms-are-biased/.

28. Kieran Snyder, "The Abrasiveness Trap: High-Achieving Men and Women Are Described Differently in Reviews," Stanford Medicine Diversity Initiative, Stanford University, August 26, 2014, 3, https://web.stanford.edu/dept/radiology/cgi-bin/raddiversity/wp-content/uploads/2017/12/TheAbrasivenessTrap.pdf.

29. Malin Malmström, Jeaneth Johansson, and Joakim Wincent, "Gender Stereotypes and Venture Support Decisions: How Governmental Venture Capitalists Socially Construct Entrepreneurs' Potential," *Entrepreneurship Theory and Practice* 41, no. 5 (September 2017): 833–60, https://doi.org/10.

1111/etap.12275.

30. Kate Clark, "US VC Investment in Female Founders Hits All-Time High," TechCrunch, December 9, 2019, https://techcrunch.com/2019/12/09/us-vc-investment-in-female-founders-hits-all-time-high/.

31. Johannes Lenhard, "Inside VC Firms: The Gender Divide," CrunchBase, August 14, 2019, https://news.crunchbase.com/news/inside-vc-firms-the-gender-divide/.

32. Katie Abouzahr et al., "Why Women-Owned Startups Are a Better Bet," BCG, June 6, 2018, https://www.bcg.com/en-us/publications/2018/why-women-owned-startups-are-better-bet.

33. Paul A. Gompers and Sophie Q. Wang, "And the Children Shall Lead: Gender Diversity and Performance in Venture Capital," (working paper, *National Bureau of Economic Research*, Cambridge, MA, May 2017), https://doi.org/10.3386/w23454.

34. University of British Columbia, "Hiring Committees That Don't Believe in Gender Bias Promote Fewer Women," *Science Daily*, August 26, 2019, https://www.sciencedaily.com/releases/2019/08/190826112653.htm.

35. Stefanie K. Johnson, David R. Hekman, and Elsa T. Chan, "If There's Only One Woman in Your Candidate Pool, There's Statistically No Chance She'll Be Hired," *Harvard Business Review*, April 26, 2016, https://hbr.org/2016/04/if-theres-only-one-woman-in-your-candidate-pool-theres-statistically-no-chance-shell-be-hired.

36. "How Big Is the Wage Penalty for Mothers?," *Economist*, January 28, 2019, https://www.economist.com/graphic-detail/2019/01/28/how-big-is-the-wage-penalty-for-mothers.

37. Sarah Kliff, "The Truth about the Gender Wage Gap," Vox, September 18, 2017, https://www.vox.com/2017/9/8/16268362/gender-wage-gap-explained.

38. Claire Cain Miller, "Nearly Half of Men Say They Do Most of the Home Schooling. 3 Percent of Women Agree," *New York Times*, updated May 8, 2020, https://www.nytimes.com/2020/05/06/upshot/pandemic-chores-homeschooling-gender.html. See: Who is spending more time home-schooling your children or helping them with distance learning?

39. Shelley J. Correll, Stephen Benard, and In Paik, "Getting a Job: Is There a Motherhood Penalty?," *American Journal of Sociology* 112, no. 5 (March 2007): 1297–338, https://doi.org/10.1086/511799.

40. Natalie Gontcharova, "5 Women Share Their Stories of Pregnancy Discrimination," Refinery29, updated October 11, 2019, https://www.refinery29.com/en-us/2019/10/8563273/elizabeth-warren-pregnancy-discrimination-stories.

41. Sarah Jane Glynn, "Breadwinning Mothers Continue to Be the U.S. Norm," Center for American Progress, May 10, 2019, https://www.americanprogress.org/article/breadwinning-mothers-continue-u-s-norm/.

42. Claire Cain Miller, "The Motherhood Penalty vs. the Fatherhood Bonus," *New York Times*, September 6, 2014, https://www.nytimes.com/2014/09/07/upshot/a-child-helps-your-career-if-youre-a-man.html?_r=0.

43. Andrew Moravcsik, "Why I Put My Wife's Career First," *Atlantic*, October 2015, https://www.theatlantic.com/magazine/archive/2015/10/why-i-put-my-wifes-career-first/403240/.

44. Sylvia Ann Hewlett, Carolyn Buck Luce, and Lisa J. Servon, "Stopping the Exodus of Women in Science," *Harvard Business Review*, June 2008, https://hbr.org/2008/06/stopping-the-exodus-of-women-in-science.

规则2 绝不要为自己开绿灯

1. Burton W. Kanter, "AARP—Asset Accumulation, Retention and Protection," *Taxes* 69 (1991): 717.

2. Albert Mehrabian and Alan Chapman, "Mehrabian's Communication Theory: Verbal, Non-Verbal, Body Language," BusinessBalls, updated October 13, 2021, https://www.businessballs.com/communication-skills/mehrabians-communication-theory-verbal- non-verbal-body-language/.

3. Mehrabian and Chapman, "Mehrabian's Communication Theory."

4. Wikipedia, s.v. "A Better Chance," last modified September 13, 2021, https://en.wikipedia.org/wiki/A_Better_Chance.

5. "Exeter, New Hampshire," Wikipedia, accessed February 3, 2022, https://en.wikipedia.org/wiki/Exeter,_New_Hampshire.

6. "One of the Largest Latina-Led Funds in the US, Ulu Ventures, Raises $138M for Its Third Fund," *Business Wire*, May 17, 2021, https://www.businesswire.com/news/home/20210517005200/en/One-of-the-Largest-Latina-Led-Funds-in-the-US-Ulu-Ventures-Raises-138M-for-its-Third-Fund.

7. "Maeley Tom: Trailblazer in Asian American Politics," Committee of 100, accessed November 27, 2021, https://www.committee100.org/member/maeleytom/.

规则 3　制定正确的人生路线

1. Aparna Dhinakaran, "The Journey to Fairness in AI: Q&A with New York Times Best Selling Author Abigail Hing Wen," *Forbes*, June 28, 2021, https://www.forbes.com/sites/aparnadhinakaran/2021/06/28/the-journey-to-fairness-in-aiqa-with-new-york-times-best-selling-author-abigail-hing-wen/?sh=277a360a4ad3.

2. *Goals Research Summary*, Dominican Education, February 2020, https://www.dominican.edu/sites/default/files/2020-02/gailmatthews-harvard-goals-researchsummary.pdf.

3. Dashun Wang and Benjamin F. Jones, "When Losing Out on a Big Opportunity

Helps Your Career," *Harvard Business Review*, October 1, 2019, https://hbr.org/2019/10/research-when-losing-out-on-a-big-opportunity-helps-your-career.

4. "Dr. Sapna Cheryan invited to the White House," University of Washington Department of Psychology, accessed January 14, 2022, https://psych.uw.edu/newsletter/winter-2016/faculty-focus/dr-sapna-cheryan-invited-to-the-white-house.

5. Lisa Grossman, "Stereotypes Steer Women Away from Computer Science," *ScienceNews*, December 15, 2009, https://web.archive.org/web/20091218165825/https://www.sciencenews.org/view/generic/id/50804/title/Stereotypes_steer_women_away_from_computer_science.

6. Doree Armstrong, "More Women Pick Computer Science If Media Nix Outdated 'Nerd' Stereotype," University of Washington, June 25, 2013, https://www.washington.edu/news/2013/06/25/more-women-pick-computer-science-if-media-nix-outdated-nerd-stereotype/.

规则 4 终身学习，终身成长

1. "KPMG Study Finds 75% of Female Executives across Industries Have Experienced Imposter Syndrome in Their Careers," KPMG, October 7, 2020, https://info.kpmg.us/news-perspectives/people-culture/kpmg-study-finds-most-female-executives-experience-imposter-syndrome.html.

2. "What a Marshmallow Reveals about Collaboration," *Inc.*, October 7, 2020, https://www.inc.com/the-build-network/build-a-tower-build-a-team.html.

3. Lisa Abeyta, "Women Now Make up Almost 5 Percent of Investors in the U.S.," *Inc.*, October 23, 2020, https://www.inc.com/lisa-abeyta/women-now-make-up-almost-five-percent-of-investors-in-us.html.

4. Katie Benner, "A Backlash Builds against Sexual Harassment in Silicon Valley," *New York Times*, July 3, 2017, https://www.nytimes.com/2017/07/03/

technology/silicon-valley-sexual-harassment.html.

5. Dave McClure, "I'm a Creep. I'm Sorry.," 500 Hats, July 1, 2017, https://web.archive.org/web/20170702005224if_/https://500hats.com/im-a-creep-i-m-sorry-d2c13e996ea0.

6. Emma Hinchliffe, "Bumble CEO Whitney Wolfe Herd Becomes the Youngest Woman to Take a Company Public," *Fortune*, February 11, 2021, https://fortune.com/2021/02/11/bumble-ipo-ceo-whitney-wolfe-herd-bmbl-stock-shares-interview-app-initial-public-offering/.

7. Lisa Bonos, "Why Are Tinder and Bumble Fighting? Here's Everything You Need to Know," *Washington Post*, updated March 22, 2018, https://www.washingtonpost.com/news/soloish/wp/2018/03/22/why-are-tinder-and-bumble-fighting-its-been-a-long-and-winding-feud/.

8. Sara Ashley O'Brien, "She Sued Tinder, Founded Bumble and Now, at 30, Is the CEO of a $3 Billion Dating Empire," *CNN*, December 13, 2019, https://www.cnn.com/2019/12/13/tech/whitney-wolfe-herd-bumble-risk-takers/index.html; "Bumble Inc. Announces First Quarter 2021 Results," Bumble, May 12, 2021, https://ir.bumble.com/node/7046/pdf.

9. Bonos, "Tinder and Bumble."

10. Jeremy Kahn, "Bumble Parent Told to Implement Workplace Reforms after Sexism Allegations," *Fortune*, January 30, 2020, https://fortune.com/2020/01/30/magiclab-bumble-sexism-allegations-workplace-reforms/.

11. Tim Bower, "Why Rookie CEOs Outperform," *Harvard Business Review*, January–February 2021, https://hbr.org/2021/01/why-rookie-ceos-outperform.

规则 5　学会共情与宽恕

1. Kirsten Fiscus, "'I Forgive You': Emanuel AME Church Survivor, Widow Speak on Forgiveness Following 2015 Shooting," *Montgomery Advertiser*,

updated May 7, 2019, https://www.montgomeryadvertiser.com/story/news/crime/2019/05/06/charleston-shooting-survivor-widow-preach-forgiveness-montgomery-church/1117237001/.

2. Matt Shiavenza, "Hatred and Forgiveness in Charleston," *Atlantic*, June 20, 2015, https://www.theatlantic.com/national/archive/2015/06/dylann-roof-manifesto-forgiveness/396428/.

3. "Awaiting Speeches by Biden, Kaine & Obama at the Democratic National Convention," CNN Live Event/Special, Aired July 27, 2016, on CNN, https://transcripts.cnn.com/show/se/date/2016-07-27/segment/02.

4. Loren Toussaint et al., "Effects of Lifetime Stress Exposure on Mental and Physical Health in Young Adulthood: How Stress Degrades and Forgiveness Protects Health," *Journal of Health Psychology* 21, no. 6 (June 2016): 1004–14, https://doi.org/10.1177/1359105314544132.

5. Kirsten Weir, "Forgiveness Can Improve Mental and Physical Health: Research Shows How to Get There," *American Psychological Association* 48, no. 1 (January 2017): 30, https://www.apa.org/monitor/2017/01/ce-corner.

6. Rowena Chiu, "Harvey Weinstein Told Me He Liked Chinese Girls," *New York Times*, October 5, 2019, https://www.nytimes.com/2019/10/05/opinion/sunday/harvey-weinstein-rowena-chiu.html.

7. Jonah E. Bromwich, "Harvey Weinstein Appeals Sex Crimes Conviction Over Accusers' Testimony," *New York Times*, April 5, 2021, https://www.nytimes.com/2021/04/05/nyregion/harvey-weinstein-appeal.html.

8. Debbie Elliott, "Dylann Roof Found Guilty of All Counts of Killing 9 Black Worshippers," *NPR*, December 15, 2016, https://www.npr.org/2016/12/15/505751251/dylann-roof-found-guilty-of-all-counts-of-killing-9-black-worhshippers; Rebecca Hersher, "Dylann Roof Sentenced to Death," *NPR*, January 10, 2017, https://www.npr.org/sections/thetwo-way/2017/01/10/509166866/jury-

sentences-dylann-roof-to-die.

9. Loren Toussaint et al., "Is Forgiveness One of the Secrets to Success? Considering the Costs of Workplace Disharmony and the Benefits of Teaching Employees to Forgive," *American Journal of Health Promotion* 33, no. 7 (September 2019): 1090–3, https://doi.org/10.1177/0890117119866957e.

规则 6　找到可靠的盟友支持自己

1. Lexico, s.v. "mentor," accessed January 21, 2022, https://www.lexico.com/en/definition/mentor.

2. B. R. J. O'Donnell, "*The Odyssey*'s Millennia-Old Model of Mentorship," *Atlantic*, October 13, 2017, https://www.theatlantic.com/business/archive/2017/10/the-odyssey-mentorship/542676/.

3. Stephanie Neal, Jazmine Boatman, and Linda Miller, *Women as Mentors: Does She or Doesn't She,* Development Dimensions International, 2013, 5, https://media.ddiworld.com/research/women-as-mentors_research_ddi.pdf.

4. Gene Pease, "Appendix E: Mentoring Case Study," in *Optimize Your Greatest Asset—Your People: How to Apply Analytics to Big Data to Improve Your Human Capital Investments* (Hoboken, NJ: John Wiley & Sons, 2015), 165, https://onlinelibrary.wiley.com/doi/pdf/10.1002/9781119040002.app5.

5. Naz Beheshti, "Improve Workplace Culture with a Strong Mentoring Program," *Forbes*, January 23, 2019, https://www.forbes.com/sites/nazbeheshti/2019/01/23/improve-workplace-culture-with-a-strong-mentoring-program/?sh=40eb9eff76b5.

6. Lexico, s.v. "sponsor," accessed November 22, 2021, https://www.lexico.com/en/definition/sponsor.

7. Sylvia Ann Hewlett, *Forget a Mentor, Find a Sponsor: The New Way to Fast-Track Your Career* (Boston: Harvard Business Review Press, 2013), 24.

8. "Working Relationships in the #MeToo Era," Lean In, accessed December 2, 2021, https://leanin.org/sexual-harassment-backlash-survey-results.

9. David A. Matsa and Amalia R. Miller, "Chipping Away at the Glass Ceiling: Gender Spillovers in Corporate Leadership" (RAND Labor and Population Working Paper Series, Santa Monica, CA, 2011), https://papers.ssrn.com/sol3/papers.cfm?abstract_id=1799575.

10. Michelle Duguid, "Female Tokens in High-Prestige Work Groups: Catalysts or Inhibitors of Group Diversification?," *Organizational Behavior and Human Decision Processes* 116, no. 1 (September 2011): 104–115, https://doi.org/10.1016/j.obhdp.2011.05.009.

11. Stefanie K. Johnson and David R. Hekman, "Women and Minorities Are Penalized for Promoting Diversity," *Harvard Business Review*, March 23, 2016, https://hbr.org/2016/03/women-and-minorities-are-penalized-for-promoting-diversity.

12. *Merriam-Webster*, s.v. "team," accessed January 14, 2022, https://www.merriam-webster.com/dictionary/team.

13. Julia Rozovsky, "The Five Keys to a Successful Google Team," LinkedIn, November 18, 2015, https://www.linkedin.com/pulse/five-keys-successful-google-team-laszlo-bock/.

14. Lexico, s.v. "circle," accessed February 5, 2022, https://www.lexico.com/en/definition/circle.

规则7 全然接纳自己本来的样子

1. Hannah Collins, "Marvel Studios Still Doesn't Think Women Can Lead Solo Films," CBR, August 18, 2019, https://www.cbr.com/marvel-studios-solo-women-films/.

2. Deb Liu, "The Right Words for the Job: How Gendered Language Affects the

Workplace," *Medium*, February 25, 2017, https://medium.com/women-in-product/genderwords-b0be0cc8251f.

3. David Sadker, Myra Sadker, and Karen Zittleman, "The Beginning of the Classroom Compromise: The Elementary School Years," in *Still Failing at Fairness: How Gender Bias Cheats Girls and Boys in School and What We Can Do About It*, 2nd ed. (New York: Scribner, 2009).

4. Victor Lavy and Edith Sand, "On the Origins of Gender Human Capital Gaps: Short and Long Term Consequences of Teachers' Stereotypical Biases" (NBER Working Paper Series, National Bureau of Economic Research, Cambridge, MA, January 2015), https://www.nber.org/system/files/working_papers/w20909/w20909.pdf.

5. Yasemin Copur-Gencturk et al., "Teachers' Bias against the Mathematical Ability of Female, Black, and Hispanic Students," *Educational Researcher* 49, no. 1 (January 2020): 30–43, https://doi.org/10.3102/0013189X19890577.

6. Shelley J. Correll and Caroline Simard, "Research: Vague Feedback Is Holding Women Back," *Harvard Business Review*, April 29, 2016, https://hbr.org/2016/04/research-vague-feedback-is-holding-women-back.

7. Kieran Snyder, "The Abrasiveness Trap: High-Achieving Men and Women Are Described Differently in Reviews," Stanford Medicine Diversity Initiative, Stanford University, August 26, 2014, 1–4, https://web.stanford.edu/dept/radiology/cgi-bin/raddiversity/wp-content/uploads/2017/12/TheAbrasivenessTrap.pdf.

8. "Interpersonal Dynamics," Stanford Graduate School of Business, accessed December 2, 2021, https://www.gsb.stanford.edu/experience/learning/leadership/interpersonal-dynamics.

9. Marc Ethier, "Inside 'Touchy Feely,' Stanford's Iconic MBA Course," Poets & Quants, July 22, 2018, https://poetsandquants.com/2018/07/22/inside-touchy-

feely-stanfords-iconic-mba-course/.

10. "Changing the Curve: Women in Computing," UC Berkeley School of Information, July 14, 2021, https://ischoolonline.berkeley.edu/blog/women-computing-computer-science/.

11. Deborah Liu, "What Happened to Women in Product?," LinkedIn, October 21, 2020, accessed February 3, 2022, https://www.linkedin.com/pulse/what-happened-women-product-deborah-liu/.

规则 8 找到家庭和工作中的平衡点

1. "The Second Shift," Wikipedia, accessed February 4, 2022, https://en.wikipedia.org/wiki/The_Second_Shift.

2. Anna Hecht, "Here's How Much the Average Wedding Cost in 2019," CNBC, February 14, 2020, https://www.cnbc.com/2020/02/13/how-much-the-average-wedding-cost-in-2019.html; Anna Hecht, "10 US States Where Couples Spend More than 45% of Their Income on Their Wedding," CNBC, September 6, 2019, https://www.cnbc.com/2019/09/06/us-states-where-couples-spend-nearly-half-of-their-income-on-their-wedding.html.

3. Maddy Sims, "Here's the Average Length of Engagement for Couples," The Knot, June 14, 2020, https://www.theknot.com/content/too-long-to-be-engaged.

4. Drew Weisholtz, "Women Do 2 More Hours of Housework Daily than Men, Study Says," *Today*, January 22, 2020, https://www.today.com/news/women-do-2-more-hours-housework-daily-men-study-says-t172272.

5. Sarah Jane Glynn, "An Unequal Division of Labor: How Equitable Workplace Policies Would Benefit Working Mothers," Center for American Progress, May 18, 2018, https://americanprogress.org/article/unequal-division-labor/.

6. Katie Abouzahr et al., "Dispelling the Myths of the Gender 'Ambition

Gap,'" The Boston Consulting Group, April 2017, https://www.bcg.com/publications/2017/people-organization-leadership-change-dispelling-the-myths-of-the-gender-ambition-gap.

7. "How Big Is the Wage Penalty for Mothers?," *Economist*, January 28, 2019, https://www.economist.com/graphic-detail/2019/01/28/how-big-is-the-wage-penalty-for-mothers.

8. Anne-Marie Slaughter, "Why Women Still Can't Have It All," *Atlantic*, July 2012, https://www.theatlantic.com/magazine/archive/2012/07/why-women-still-cant-have-it-all/309020/.

9. Andrew Moravcsik, "Why I Put My Wife's Career First," *Atlantic*, October 2015, https://www.theatlantic.com/magazine/archive/2015/10/why-i-put-my-wifes-career-first/403240/.

10. "New Research Shows the 'Mental Load' Is Real and Significantly Impacts Working Mothers Both at Home and Work," Bright Horizons, December 20, 2017, https://www.brighthorizons.com/newsroom/mental-load-impact-working-mothers-study.

11. Emma Hinchliffe, "Married Women Do More Housework than Single Moms, Study Finds," *Fortune*, May 8, 2019, https://fortune.com/2019/05/08/married-single-moms-housework/.

12. Wikipedia, s.v. "Swim lane," last modified May 11, 2021, https://en.wikipedia.org/wiki/Swim_lane.

13. Glynn, "An Unequal Division of Labor."

14. Aliya Hamid Rao, "Even Breadwinning Wives Don't Get Equality at Home," *Atlantic*, May 16, 2019, https://www.theatlantic.com/family/archive/2019/05/breadwinning-wives-gender-inequality/589237/.

15. Don Lee, "Women Put Careers on Hold during COVID to Care for Kids. They May Never Recover," *Los Angeles Times*, August 18, 2021, https://www.

latimes.com/politics/story/2021-08-18/pandemic-pushes-moms-to-scale-back-or-quit-their-careers.

规则 9　倾听内在的声音，勇敢发声

1. Alison Mitchell, "Peculiar Passages: The Case of Ruth, Boaz and the Contractual Sandal," The Good Book, August 15, 2019, https://www.thegoodbook.com/blog/interestingthoughts/2019/08/15/peculiar-passages-the-case-of-ruth-boaz-and-the-co/.

2. Kate Clark, "US VC Investment in Female Founders Hits All-Time High," TechCrunch, December 9, 2019, https://techcrunch.com/2019/12/09/us-vc-investment-in-female-founders-hits-all-time-high/.

3. Wikipedia, s.v. "Pao v. Kleiner Perkins," last modified November 22, 2021, https://en.wikipedia.org/wiki/Pao_v._Kleiner_Perkins.

4. Pavithra Mohan, "This Is How We Get More Women in Venture Capital," *Fast Company*, September 20, 2018, https://www.fastcompany.com/90233436/this-is-how-we-get-more-women-in-venture-capital.

5. Aileen Lee, "Announcing AllRaise.org," *Medium*, April 3, 2018, https://medium.com/allraise/announcing-allraise-org-d15a1b592f63.

6. Aileen Lee, "Welcome to the Unicorn Club: Learning from Billion-Dollar Startups," TechCrunch, November 2, 2013, https://techcrunch.com/2013/11/02/welcome-to-the-unicorn-club/.

7. J. Carlisle Larsen, "Study Shows Female Supreme Court Justices Get Interrupted More Often than Male Colleagues: Expert Says These Interruptions Can Have an Impact on Rulings and Undermine Female Justices," Wisconsin Public Radio, April 18, 2017, https://www.wpr.org/study-shows-female-supreme-court-justices-get-interrupted-more-often-male-colleagues.

8. Lydia Smith, "The Stark Reality of How Men Dominate Talking in Meetings,"

Yahoo! Finance, April 10, 2019, https://finance.yahoo.com/news/stark-reality-men-dominate-talking-meetings-113112910.html.

9. Kathy Caprino, "Gender Bias Is Real: Women's Perceived Competency Drops Significantly When Judged as Being Forceful," *Forbes*, August 25, 2015, https://www.forbes.com/sites/kathycaprino/2015/08/25/gender-bias-is-real-womens-perceived-competency-drops-significantly-when-judged-as-being-forceful/?sh=3384f36b2d85.

10. Victoria L. Brescoll, "Who Takes the Floor and Why: Gender, Power, and Volubility in Organizations," *Administrative Science Quarterly* 56, no. 4 (2011): 622–41, https://doi.org/10.1177/0001839212439994.

11. Brittany Karford Rogers, "When Women Don't Speak: Groundbreaking BYU Research Shows What It Takes for a Woman to Truly Be Heard," *Y Magazine*, Spring 2020, https://magazine.byu.edu/article/when-women-dont-speak/.

12. Wikipedia, s.v. "PayPal Mafia," last modified December 10, 2021, https://en.wikipedia.org/wiki/PayPal_Mafia.

规则 10　创造并留下自己的人生印记

1. Columbia *Crew Survival Investigation Report*, NASA, 2008, https://www.nasa.gov/pdf/298870main_SP-2008-565.pdf.

2. *Growth & Opportunity Project*, Republican National Committee, March 2013, https://online.wsj.com/public/resources/documents/RNCreport03182013.pdf.

3. "Appendiceal Cancer," National Cancer Institute, accessed January 21, 2022, https://www.cancer.gov/pediatric-adult-rare-tumor/rare-tumors/rare-digestive-system-tumors/appendiceal-cancer.

4. "Appendix Cancer," MD Anderson Cancer Center Madrid, accessed January 21, 2022, https://mdanderson.es/en/cancer/cancerfromatoz/appendix-cancer.

5. "Surgical Treatment of Appendix Cancer Cytoreduction and HIPEC,"

Appendix Cancer Connection, accessed December 3, 2021, https://appendix-cancer.org/surgical-treatment-of-appendix-cancer/.

6. Anne CC Lee et al., "A Novel Icterometer for Hyperbilirubinemia Screening in Low-Resource Settings," *Pediatrics* 143, no. 5 (May 2019), https://doi.org/10.1542/peds.2018-2039.

7. Carolyn Everson, "Facebook's Carolyn Everson: Why Writing a Personal Vision Statement Has Been Game-Changing for Me," Thrive Global, December 1, 2016, https://medium.com/thrive-global/facebooks-carolyn-everson-why-writing-a-vision-has-been-game-changing-for-me-c7271093fc47.

8. "AOL Agrees to Acquire the Huffington Post," *Huffington Post*, updated May 25, 2011, https://www.huffpost.com/entry/aol-huffington-post_n_819375.